天皇制・「慰安婦」・フェミニズム

鈴木裕子

天皇制・「慰安婦」・フェミニズム　目次

終　章　「女性」の視点からいまを問う

尹貞玉先生に

第一章

女帝論とフェミニズム

女帝論の登場とフェミニズム

1

最近、日本のフェミニズムについていったい何なのだろうかと考えこんでしまうことがある。フェミニズムを字義通りに解釈すれば、女性解放ということになるのだろうが、ほんとうに日本のフェミニズムは女性解放をめざしているのだろうか。そうではなくて、たんに女も男並みになることを目標としているのだとしたら、その〈志〉の低さにがっかりしてしまう。

わたくしも女だから、かつてもいまも女たちが男たちより一段も二段も低い地位や悪い条件におかれつづけてきたことに人一倍怒りを覚える。しかし、その怒りは自分一個が〈出世〉したり、社会に認められたら消えてしまう、という性格のものではない。

すべての女たち、社会的弱者の立場におかれている人たち、そしてマイノリティーのひとりひとりの人間としての権利（つまり人権）が回復される社会をつくるための思想と運動を、真のフェミニズムとわたくしは考えるのだがいかがであろうか。

2

ここ五～六年来、日本軍「慰安婦」（正しくは、日本軍軍事的性奴隷）問題にかかわってみて思うのだが、率直にいって、日本のフェミニズムは、敗戦後、女たちの戦争責任についてきちんと考えてこなかったと思う。百パーセント否定する気はもちろんないが、戦後の女たちの平和運動や母親運動も被害者意識によりかかっていて加害の罪を意識することはほとんどなかったのではないか。なおつけ加えるなら、わたくしは、被害者意識をもつべきではない、と言っているのではない。被害者にされた構造や仕組みを女たちやその運動がきちんと分析・解明してこなかった責任の重大さを言いたいのである。

被害者性への十分な究明の欠落は、真に戦争に重大な責任をもつ指導者たちを結局のところ全面的に免責させてしまった。その結果、戦前的価値は、敗戦という未曽有の事態を迎えてもなお戦後へと継承されてしまったのである。その最たるものは天皇制である。

3

振り返ってみると、戦前のフェミニズムの主流は、絶対天皇制下のワク内での男女平等を追求したものであった。近代天皇制があらゆる差別の根源をなしていることを故意か無意識にか回避しひたすら男女平等のみ追いつづけた。その結果、最後は天皇翼賛にからめとられ、戦争協力に手を貸していった。

戦後の女性運動、フェミニズムは、右のような戦前のフェミニズムの過ちを反省するところから再出発されるべきであったが、ついぞなされずにすぎた。そのツケは、いまにして思うと大変大きい。

女たちはみんな被害者、天皇も軍部の被害者であった、という大合唱はかつて女たちの先頭に立って翼賛協力、戦時協力の旗を振っていた女性指導者を二重の罪（自国の女たちを戦争協力にかりたて、アジアの民衆を侵略の苦しみに陥れたという二つの罪）から〈解放〉し、戦後再び指導者の位置に立たせた。

責任の大きさは到底くらぶべくもないが、かつて戦争協力の一端をになった女性指導者や女性運動家たちが、自らが負った罪の自覚、処決なくして、天皇の戦争責任を問えるはずもなかった。

4

戦後四十五年たって噴き出した日本軍「慰安婦」問題は、自らの手で戦争責任を追及することができなかった日本の女たちに突きつけられた問題でもあった。

もとよりこの問題は、女性の基本的人権にかかわる性暴力の極致という側面ももつ。また民族差別、植民地支配の極みでもある。天皇の軍隊によって組織的におこなわれた国家的性犯罪、戦争犯罪でもある。

それらを念頭におきつつ、なぜ被害国（韓国）の女性たちから告発される前に、戦後のフェミニズム、女性運動は、この問題に取り組めなかったのであろうか。もちろん個人としてこの問題に関心をもち、心を痛めていた女性たちもいたであろう。しかし、これを日本の女たちの戦争責任問題として捉えていただろうか。

被害国の女性たちの告発を受けてこの問題に積極的に立ち向かう女たちやグループがこの間生まれている。しかし、あえていうならばこの十年来、盛行をきわめているフェミニズムを語るグループやフェミニストの間での、この問題にたいする関心や取り組みの弱さは何なのであろうか。

そのことを端的に示しているのは、いわゆる「国民基金」（女性のためのアジア平和国民基金）にたいするフェミニストのほとんど無反応といってよい反応である（もちろん日本近代を問うフェミニズムの会、などの例外もある）。

「国民基金」は一口にいうと、「慰安婦」犯罪を国家の犯罪と認めず、それゆえ国家の法的責任を認めない立場から発想されているものである。口では「つぐない」と言いくるめ、その実はわずかばかりの「見舞い金」を被害者に贈って一件落着をはかろうとするものである。国家的性犯罪・性暴力のよってきたるゆえんも明らかにせず、責任を「国民」一般に転嫁し、結局のところ性暴力を容認するのが、この「国民基金」である。

性暴力に反対するフェミニストグループは、このような「国民基金」を果たして許すのだろうか。

5

「戦後五十年」で、日本のフェミニズムに課せられている問題は、「慰安婦」問題などの戦争責任問題だけではない。

戦前フェミニズムが、そして戦後フェミニズムがすっぽり落としてきた天皇・天皇制問題にどう向きあうか、まさにフェミニズムの真価が問われよう。

戦前の絶対天皇制は、象徴天皇制に装いをかえて生きのこった。敗戦は、近代天皇制が迎えた最大の危機であったが、象徴天皇制システムと、「現人神」から「人間天皇」へと衣がえした昭和天皇が地方巡行で「国民」の前に姿をあらわし、「あ、そう」の笑顔を振りまくことでまず生き延びた。一九五九年の現天皇と正田美智子さんとの結婚は、象徴天皇制システムを完成させ、「開かれた皇室、民主化された皇室」を演出させた。

一九六〇年代から七〇年代にかけて日本経済は飛躍的に発展し、市場としてのアジア、資本投下先としてのアジア、さらに「女工哀史」輸出先としてのアジアに日本政治と経済の熱い目が注がれる。その結果、アジアの人びとの間には、一部の莫大な富を手にする支配層と、圧倒的多数の貧困に苦しむ民衆が生み出された。

こうして再びアジアの民衆を踏みつけて「経済大国」に成りあがった日本は、七〇年代になってはじめて天皇を「元首」（もちろん現憲法にはそのような規定はない）としてヨーロッパ、アメリカに送りだすのに成功した。敗戦後の一時期、その存続さえ危ぶまれていた天皇制は、こうして国際的復権をも完全に果たしたのである。

6

一九九三年、皇太子浩宮と小和田雅子さんの結婚が決まったとき、当時、フェミニストとして名高かった田嶋陽子さんが、「キャリアウーマンが社会的に認知」されてうれしいと述べた（『千葉日報』一九九三年一月十三日付「皇室も時代の先端に」）。「認知」とはまた何と権威主義的なとわたくしは思ったものだが、まもなく意外な人が意外な発言（当時はそう思った）をするのをきくにつけ、心中ヤバイ時代になったと思った。たとえばフェミニスト議員を名乗っていた中嶋里美さんや三井マリ子さんは「男だけの皇位継承はおかしい」といい、皇室典範の改正を強く主張しはじめたのである。たしかに戦後改正された皇室典範は、一部を除き旧皇室典範をほぼそのまま引き継ぎ、性差別の塊のような代物である（加えて障害者差別、婚外子差別も無視できない）。

天皇や天皇制の存在自体が差別を生みだすシステム、装置なのだから、かりに女性が天皇になったところで差別（性差別）がなくなるわけがない。ところが、三井さんや中嶋さんたちは、まず「皇室における男女平等」の足がかりとして皇室典範の改正をと、思われたらしい。

わたくしは、天皇制を無化し、なくさない限り女たちやすべての被差別者に解放の日はおとずれないと思っている。

　ところが、最近になってまたぞろ「女帝論」が現実味を帯びてきたのである。その背景に皇太子妃になかなか子が生まれず（結婚後二年半余たった）、他の皇位継承資格者も子はいても女の子ばかりという状況がある。

　女帝論が体制内から遠からず出てくると思っていた矢先、案の定、『This is 読売』の新年号（一九九六年一月号）が、その名もズバリ「女性天皇の時代」の特集号を出した。そこに収められている論文にとりたてて論ずべき中身のあるものはない。

　しかし、いまや体制御用紙として評価の高い読売新聞社が発行している雑誌にこのような特集が組まれること自体、これは、やはり天皇制の一つの〈危機〉なのである。

　そこで日本のフェミニストの方々にわたくしは心から願う。男女同権を盾に女帝論を叫んで天皇制の危機からの脱出に手を貸してくださらないことを。

［初出・『Fifty：Fifty』第30号・一九九五年十二月二十六日号］

女たちを貶める天皇制

現天皇（明仁）が誕生したのは一九三三年十二月二十三日である。それまで昭和天皇（裕仁）と皇后良子《ながこ》（現・皇太后）との間にはたてつづけに女児ばかりが生まれていた。良子は「女腹」ではないかといって、側近が裕仁に側室をもつことをすすめたという。第一子誕生（照宮成子《てるのみやしげこ》。一九二五年生まれ）から数えて八年、ようやく良子は「嫡男」明仁を出産し、翌々年には「次男」正仁（常陸宮）も生まれ、天皇家の「世継ぎ」問題はひとまず解決した。

右の例でみられるように、天皇家の女たちの役割は、天皇の跡継ぎの男子を産むことにある。「皇位を継ぐ」のは、「男系の男子」に限られるので、女児をどんなにたくさん産もうとも「役に立たない」のである。

この枠組みは、基本的にいまも変わらない。ただ、戦後においては側室制度が名実ともに廃され、「庶子」（「庶出」）の天皇は認められなくなった。ちなみにいえば、裕仁の父（嘉仁《よしひと》・大正天皇）も祖父（睦仁《むつひと》・明治天皇）も「庶出」の天皇であった。

このようなことを長々と書き連ねたのは、天皇家とは徹底的に「男系」の「血統」を尊ぶ「家柄」で、女はただその「血筋」「血統」を絶やさぬための、いわば子産み器械であることを確かめておきたかったからである。

女の役割は「家内奴隷」と「生殖」

近代天皇制の確立期は、ほぼ一八八九〜一八九〇年ごろに求められる。一八八九年、大日本帝国憲法が公布され、翌九〇年には教育勅語が渙発《かんぱつ》され、第一回帝国議会が開かれた。

近代天皇制の確立とともに、女たちは政治的世界から排除され、家のなかに封じこめられる存在となる。女たちは家（家内）にあって、夫の世話いっさいを焼き、舅姑《しゅうとしゅうとめ》に孝養を尽くし、立派な跡継ぎを産むことが、女の生きる道とさだめられた。従順・貞淑・温和こそが婦徳とされ、「女子教育」の主眼もそこにおかれた。いいかえれば、家内奴隷の生活と道徳が女たちに押しつけられたのである。

右のような、女たちを家に縛りつける「家制度」は、一八九八年公布の「明治民法」によって総仕上げをみる。明治民法でとりわけ見逃しえないのは、妻の無能力規定であった。これもまた、女を家や夫に従属させるため以外のなにものでもなかった。

近代天皇制国家は、このように女たちを「家内奴隷」と「生殖役割」にはめこみ、女性を貶《おとし》めた。貶められた女たちが唯一その存在理由を認められるのは、皮肉にも「母になる」ことであった。

いいかえると、家庭の女たちに課せられた役割は「生殖役割」「母役割」であった。近代天皇制国家は、この母役割・母性イデオロギーを巧みに用いて女たちを支配したのである。母性・生殖役割を期待される「家婦」の対極に「娼婦」がいた。「娼婦」の性は、男たちを快楽させるための性として位置づけられ、近代天皇制国家から公認された。これが公娼制度である。近代天皇制国家は、いわば女性の性を「家婦」と「娼婦」の性に二分し、女の分断支配を図った、といえる。両者はともに生と性の自己決定権を奪われながら、対立・排斥の構図のもとにおかれたのである。

「母」や「母性」がもっとも喧騒的に語られたのは戦時下であった。軍人が大声で「偉大なる母」を呼号するや、文士や評論家たちも競って〝草の根〟の母たちの「善行」や「陰徳」を軽やかな筆致で描き出した（一例として、日本文学報国会編『日本の母』春陽堂書店、一九四三年、等がある）。

しかし、いうまでもなく、母や母性の称揚は、女性の尊重を意味するものではなかった。つまりは、「天皇の戦争」の消耗品として兵力となる「赤子《せきし》」の「大量生産」に「母」の協力を必要としたからである。

さきにわたくしは「家婦」の対極に「娼婦」がおかれたと書いた。「天皇の国家」は、「娼婦」（いいかえるなら「性的慰安」者）の存在なくては立ちゆかぬ性風土・性文化をつくった。「天皇の軍隊」とて同様である。しかし、大和民族の女たちには「天皇の赤子」＝大和民族「増殖」のための「生殖役割」に専念してもらわなければならず、「性的慰安」の役割は、異民族、とりわけ当時、日本植民地下にあった女たち、わけても性病対策をも考えて朝鮮半島の若い娘たちに照準があてられた。

こうして「従軍慰安婦」（日本軍性奴隷）制度なるものがつくり出されたのだ。

女性差別そのもの

ここであらためて確認しておこう。天皇制は、もともと女性差別の根源である。家父長制をもっとも濃厚にのこし、男系血統主義を強固に保持しているファミリーが天皇家である。昭和天皇死去後、天皇明仁とともに皇后として初めて臨んだ記者会見に皇后美智子が妙な言葉づかいをしていたのをわたくしは思い出す。

「私も東宮さまや礼宮《あやのみや》（現・秋篠宮）の結婚についてはお答を控えさせていただきます。東宮さまは独立なさってしばらくは不便もおありかと思いますが、やがて、これもなかなかいいものだ、とお思いになるのではないでしょうか（笑い）。時たまでよろしいからビオラを聞かせにいらして下さるとうれしいと思います」（『東京新聞』一九八九年八月五日付。傍点は引用者）と。

わが子を「さまづけ」で呼んだり、敬語を用いるなど、庶民感覚ではとても解せないが、これはようするに家父長制下の嫡男子最優先のシステムが天皇家では厳然として生きていることを示すものだ。

ところで皇太子妃に小和田雅子が決まったとき、ある高名な文化人フェミニストが「キャリアウーマンが社会的に認知」されてうれしいと述べ、「でも皇室は、まだ男女差別のある世界」と言った。しかし、これは認識ちがいも甚だしく、男女差別そのものの世界こそ天皇家であり、天皇制度なのである。

「女帝」論の罠

いま、男系血統天皇制は、危機に瀕している。いうまでもなく皇太子徳仁に「世継ぎ」ができないからである。このまま推移すると、天皇家は徳仁・文仁（秋篠宮）の世代で絶えることになる。彼らの次の世代に「皇位」継承資格を有する男子皇族がいないからである。「皇位」は行き詰りの状態を呈しているのである。

そこで遠からず「女帝」論が大合唱で唱えはじめられるようになるかもしれない。すでにその予兆はある。「女帝」論は決して目新しいものではない。大日本帝国憲法以前にも民権家の間では公然と「女帝」論が語られもしたし、敗戦後の新皇室典範制定時も制定にかかわった衆議院議員の多くが「女帝」容認に傾いていた。「女帝」容認の理由として、「皇位継承の行詰り」を挙げる声もあった。つまりは、「行詰り」を打開するために一時の中継ぎ（「摂位」）として女帝を積極的に認めようというわけである（くわしくは、拙著『「慰安婦」問題と戦後責任』未来社、一九九六年、所収の「戦後天皇制度と女性」を参照）。

女帝＝中継ぎ（摂位）ならば、男系血統主義は崩れない。宮内庁レベルではこの方向での「女帝」の可能性をさぐっているのではないだろうか。

しかし、「女帝」が誕生すれば、男女が平等になると考えるのはあまりに早計である。天皇制は性差別を含む巨大な差別装置である。「女帝」論に与《くみ》することは、その差別装置のなかに女たちが自ら包摂されることになるのではないだろうか。フェミニズムの思想は、性を理由にした差別や人権侵害を許さぬ思想である。この思想は、他のいっさいの差別や人権侵害をも許さぬ思想でもあるはずだ。わたくしはこの国のフェミニストたちが「女帝」論の罠《わな》に陥られないことを、いま切に願っている。

［初出・『週刊金曜日』一九九七年十二月十九日号］

日の丸・君が代・強姦発言・天皇在位十年

1　利用された「虚妄性」

この八月（一九九九年八月）に「日の丸・君が代」の「国旗・国歌」法案が強行成立をみてほぼ三カ月、〃草の根のファシズム〃がひたひたと押し寄せてくる不気味さをひしひしと感じている。

周辺事態法（新ガイドライン）、通信傍受法（盗聴法）、住民基本台帳法（国民総背番号制）、憲法調査会設置法（憲法改悪のための準備）等々、政府、自民・自由・公明三党は、目白押しで悪法を次々と上程し、成立させるにいたっている。

日本国憲法が目指す主権在民、平和主義（戦争放棄）、基本的人権の尊重といった「戦後的価値」が音を立てて崩れ去ろうとしている。真に危機の時代（民衆にとって）が始まっているとの感がわたくしには強くする。

一昔前の全共闘運動のころ（わたくしも全共闘世代の一人だが）、「戦後民主主義の虚妄性」が叫ばれたことがある。戦争責任を欠落させ、差別の装置である天皇制を並存させてきた「戦後の民主主義」

への痛烈な批判と言えたが、文字通りスローガン倒れに終わり、かえって「虚妄性」だけが浮き彫りにされてしまったとの痛恨がわたくしにはある。

「象徴天皇制下の民主主義」の問題性を突き詰め、真にラジカルな民主主義への変革にその思想と行動を鍛え上げることが大切だったのだ。「戦後民主主義の虚妄性」は、右派言論人に巧みに利用されてきたように思う。最近、自殺した江藤淳氏や石原慎太郎東京都知事がその代表的論客だ。

一昨年、教科書に記述された「従軍慰安婦」の削除を求めて日本社会を席巻した「自由主義」史観派の連中も、この「虚妄性」を言い立て、侵略戦争を「大東亜」解放の「聖戦」と美化し、あからさまな女性蔑視発言を繰り返し、子どもたちに国のために死ぬことを美しいことだと煽り立てた。

このたび、防衛庁政務次官を辞任した西村真悟衆院議員は、当時、旧新進党の「正しい歴史を伝える国会議員連盟」の有力メンバーとして、「大東亜」史観、「国権」史観、男権史観ともいうべき「自由主義」史観派に与し、国会議員としてその先頭に立ってきた御仁である。その核武装論もさることながら、その「膨張」＝侵略主義論も見逃すことができない。彼はこう述べている。

「政治家としてのライフワークは国軍の創設ですわ。……全世界への展開。『大東亜共栄圏、八紘一宇《はっこういちう》を地球に広げる』や」と。

八紘一宇とは、十五年戦争・アジア太平洋戦争中、天皇の御稜威《みいつ》によって全世界の制覇を企てたときの有名なスローガンであった。さらに西村氏は、核武装にことよせて、強姦発言を繰り返した。

「核とは『抑止力』なんですよ。強姦してもなんにも罰せられんのやったら、オレらみんな強姦魔になってるんやん」。

さきの「自由主義」史観派の常套句も、「戦場に強姦はつきもの」だった。日本軍性奴隷制（「慰安婦」）問題を契機に、女性への暴力は人権侵害にほかならない、という認識が急速に深まっているいま、この点でも西村氏は、政務次官はおろか国会議員たるにふさわしくない。議員をも辞職させるべきであろう。

2 「国威発揚」の精神刷り込む

西村暴言を時代錯誤の一個人の言として片づけることは間違いであろう。西村真悟衆議院議員のタカ派ぶりはつとに知られていた。それを百も承知で、彼の所属する自由党の党首・小沢一郎氏は、彼を防衛庁政務次官候補として強力に推し、小渕恵三首相もこれに応え、彼を政務次官に据えたのである。

右の点をせんじ詰めれば、自民・自由・公明三党からなる小渕連立内閣は、覇権を目指す極めてナショナルな志向をもつ「国権主義」内閣といえよう。

そもそも「日の丸・君が代」の法制化は次代をになう子どもたちの頭に、昔流にいうなら「国威発揚」の精神を刷り込み、地域社会においては、「国」や「地方行政」の政策・施策に「ノー」と言わない「国民」づくりを目指すものにほかならない。「挙国一致」への雰囲気づくりを狙ったものである。「日の丸」や「君が代」に抗う人びとを「非国民」「国賊」扱いする言説がすでに飛び出してきている。

二、三の事例をあげると、東京都の石原慎太郎知事は、「都民の日」の十月一日に行なわれた「都功労者」の表彰式で、「日の丸・君が代」の強制を拒否した一功労者にたいし、「嫌なら出てきゃいい」との暴言をろうしたあげく、こう述べたという。

「国家あっての東京なんだ。もちろん国民あっての地方自治であり、やはり行政システムは国家あっての東京。私が東京を預かる限り、その認識で例えばガイドラインの問題でも対処していくつもりだ」（『毎日新聞』一九九九年十月二日付「石原都知事　表彰式で君が代拒否し男性退席　『嫌なら出てきゃいい』」）。

「東京を預かる」など、まるで「代官」気取りのところも気になるところだが、右の石原発言にみられるごとく、「日の丸・君が代」問題と「新ガイドライン」（戦争協力）問題は直結している。

同日、岐阜県の梶原拓知事は、県議会本会議で「国旗、国歌を尊重しない人は日本国籍を返上していただきたい」と発言したという（『毎日新聞』一九九九年十月二日付「国旗・国歌軽視ならメダルはく奪も」）。

「日の丸・君が代」法制化に際し、政府・自民党は、「学校現場での混乱収拾」を理由に掲げ、強制しない旨の説明を繰り返した。

右の言明が忠実に実行されるならば、石原、梶原両知事の言動は、著しく逸脱したことになり、政府筋から厳重注意を受けてしかるべきであろう。

ところが、注意どころか、かえって政府・自民党の面々は胸のなかでほくそ笑んでいることだろう。

「日の丸・君が代」をテコに地域社会における「翼賛状況」づくりが進んでいる。

3 「御在位十年奉祝運動」と「国旗国歌法制化問題」

〝草の根右翼〟の組織である日本会議（日本を守る国民会議の後身）は、去る四月十七日の一九九九年度総会で「天皇陛下御在位十年奉祝運動」と「国旗国歌法制化問題」を九九年度の「事業計画の二本柱」に決定した。

ちなみに日本会議（日本を守る国民会議）とは、かつて「海の日」（七月二十日）制定運動や、九五年の戦後五十年の折りの「英霊」感謝決議、さらには「従軍慰安婦」の教科書記述削除を求めての地方議会への激しい攻勢や、加えて「夫婦別姓法制化阻止（日本会議は家制度の復活・維持を目指している）の全国キャラバンなど節目節目で、右傾化、ナショナリズムの先陣を切ってきた組織である。

同会議は、さきの総会で、「国旗国歌法制化問題」では、①今通常国会における成立を政府に働きかける、②尊重規定を国旗国歌法案に盛り込む、③国や自治体、学校などの義務化の措置は、法案成立後、別途関係規則に盛り込む、を基本方針として掲げた。何よりもまず法案の成立を目指したといえよう。

周知のように「日の丸・君が代」法案は、通常国会で成立し、彼らの言う「法制化＝強制化」も着々と進められ、そのもくろみは、一つ一つ結実しているようにみえる。日本会議の九九年度「事業計画」のもう一つの柱である「天皇在位十年」の「奉祝」運動でも財界や政界を巻き込み、十一月十二日には小渕首相を式典委員長とする記念式典開催にまでこぎつけた。

記念式典は「国民こぞってこれを祝う」として九月二十八日閣議決定され、関係省庁を通じて、いわば「奉祝」の指示が学校・事業所等に伝達されている（その前には用意周到にも「日の丸・君が代」の事実上の強制指示が、学校現場等にたいしなされている）。

同日、共産党を除く衆院二八四人、参議院一三三人の国会議員が参加する超党派の「奉祝国会議員連盟」も発足をした。会長には自民党の森喜朗幹事長が就任し、「特に日本の若い人に天皇制のすばらしさを熟知してもらうよう努めたい」（『産経新聞』一九九九年九月二十八日付夕刊）とあいさつしたという。

記念式典には、「日の丸・君が代」が堂々と登場することであろう。まるでこの日のために「日の丸・君が代」法が強行成立させられたようなものである。

日本会議の次の照準は、さきの総会で示されているように、名実ともに天皇の「元首化」を図ることであろう。加えて改憲策動、教育の「日本主義化」等が連動し、それらの実現がもくろまれている。同会議系の『神社新報』九九年四月二十六日号によってその内容を示しておこう。

・皇室の尊厳を守りわが国の伝統を尊重する（マスコミの報道姿勢の是正など）
・国会における憲法調査会設置に対する国民運動の展開

・新憲法の研究・普及活動
〔筆者注―日本国憲法改悪にとどまらず新たな憲法を作るつもりのようである〕
・青少年に日本的感性を育む教育運動の推進（教育用家庭読本の編修・発刊）
・防衛・外交問題（危機管理に関する関係法制の整備を政府に要望するなど）
・時局問題（夫婦別姓・御訪韓問題など）

こうしてみると、小渕内閣は、天皇訪韓問題（日本会議は、「謝罪」を要求されるとして、天皇訪韓に反対である）を除き、まるで日本会議の代行機関のようだ。それはともかく、日本会議の動向に、わたくしたちはおさおさ注視を怠ってはならないようである。

4　草の根ファシズムが近づいている

職場・地域へ浸透をする

「天皇在位十年記念式典」が閣議決定された前日の九月二十七日、野中広務官房長官（当時）は、記念式典の行なわれる当日の十一月十二日に各政府機関をはじめ、地方自治体や私立学校を含む学校、民間企業にも「日の丸」を掲揚するよう要請する方針を明らかにした。

この事実上の官房長官指示は、例によって「上意下達」式に次々と「下位」機関におろされ、各職場・地域への浸近を図るものであった。

政府サイドの「強制化」策動もさることながら、より恐怖を感じるのは、地域における動きであろう。表面にはなかなか出てこないだけに細心の注意が肝要であろう。

去る十月はじめ、わたくしは所用で北海道に出かけたが、そこで、「日高管内国旗国歌推進会議」なるものの「学校における国旗掲揚と国歌斉唱の実施に向けた提言」（以下、「提言」）ほか二、三の文書を手にした。

この「推進会議」は、昨九八年十一月、日高管内の教育委員長および教育長、幼稚園・保育園長、小・中・高の学校長のほかＰＴＡ連合会、文化団体、スポーツ団体、女性団体、農業・漁業団体、商工団体等の長などを文字通り網羅する組織で、教育委員会サイドで仕掛けたものである。

推進会議は、ことし（一九九九年）二月と七月に二回の会議を開催し、「各学校における国旗国歌の適切な実施に向けた環境づくりの具体的な方策と啓発資料の作成」について、協議し、さきに掲げた「提言」を八月十一日（折しも「日の丸・君が代」法成立の二日後である）、日高管内教育委員会連絡協議会に提出した。

主要行事に国旗と国歌

これを受けて、日高管内教委連は、同月二十五日に管内教育委員会・教育長会議を開き、管内の全九町教育委員会が足並みをそろえて「日の丸・君が代」の浸透を期すべく、団体・機関等に次のような内容の要請活動に入った。

1、町の公共施設には、毎日国旗を掲揚するとともに、町等の主要行事には、国旗掲揚と国歌斉唱をお願いします。
2、国民の祝日には、町幹部職員は率先して自宅に国旗を掲揚するようお願いします。
3、各庁舎、各社屋等においては、毎日、屋外ポールに国旗を掲揚し、各家庭においては、国民の祝日での国旗掲揚をお願いします。
4、各種団体の式典や大会、スポーツ・文化行事における国旗掲揚及び国歌斉唱をお願いします。

「日の丸・君が代」を梃子《てこ》にした、〃草の根〃ファシズムの足音が一歩一歩近づいてきているのをわたくしは実感する。

北海道日高地方で始まった、この不気味な動きは、やがて全国に波及してくるだろう。

十一月十二日開催の「天皇在位十年記念式典」をはじめとする、マスコミを巻き込んでの「奉祝」イベントをきっかけに、〃草の根〃ファシズムが一挙に加速されることを心から憂慮するものであり、これに対抗する側の力量を真に高めねばならないことを痛感する次第である。

5　日本の右傾化　戦争国家への道

去る十一月十二日の「即位十年」のお祭りは、どうやらあまり盛り上がらなかったらしい。若い人に人気のある元ロックミュージシャングループ・Xジャパンのリーダー、YOSHIKIやGLAY、SPEED、安室奈美恵さんなどのアイドルを総動員した苦肉の策もあまり実らなかったようだ。

この「奉祝国民祭典」を仕組んだ人たちは、参加者総数十万人と見込んでいたが、実際の参加者は二万五千人（警視庁調べ）にすぎず、予想をはるかに下回った。

その上お目当てのアイドルが画面に映ると歓声を挙げ、興じたものの、彼ら彼女らが退場するとぞろぞろと帰りだす若者が多かったという。

この祭典のそもそもの仕掛け人である「日本会議」＝右派は、いま、どういう「総括」をしているだろうか。彼らは賑賑《にぎにぎ》しいなかでも厳かさのある祭典に仕立てたかったことであろう。しかし、実際は、賑賑しくもなく厳かさにも欠いた、どっちつかずの、何の祭典かさえもはっきりしないものになったようである。イベントとしては全く失敗だったといえよう。

さて、式典当日の朝刊各紙をわたくしはざっと目を通したが、やはり断トツだったのは『産経新聞』であった。その九面の「正論」欄に寄稿していたのが、日本会議副会長の小堀桂一郎氏であった。その肩書には、もちろん日本会議の「日」の字もない。それはともかく寄稿文のタイトルは「奉祝国民祭典」のまぎれもなく仕掛け人の一人である小堀氏が、ことさら「無関係」のふうを装っているのが面白かった。たとえばこうである。

「本日十二日に今上天皇御即位十年の記念祝賀行事が開催される。……民間主催の祝典の方は規模壮大で数万人の参加者が見込まれてをり、パレードと大合唱も加はった、甚だ賑やかなお祭りになるらしい。……此度の奉祝式典は何故にこれほど多数の人々の関心を集め、参加意欲を掻き立て、事前にかくも『盛上って』ゐるのか。……（人々は）安堵し、素直に喜びに包まれてゐる。その歓悦の情が自然にこの一般的奉祝気分を醸成したのである」と。なかなかの役者振りである。

「国民祭典」は、甚だ盛り上がりを欠いたといえるが、しかし、ここで安堵してはいけない。小堀氏をはじめとして、このごろの右派の人びとはけっこう、戦略的である。「日の丸・君が代」法のときでも、意外に柔軟性を発揮していた。小堀氏に即していえば、ある時期までの彼は、「刑法の一条としての国旗侮辱罪の規定」を必要と明言していたようだが、さきの通常国会ではともかくも法制定が先決だとして、こう述べているのである。

「尊重義務、掲揚・斉唱義務までをも包括した機能的に十全な法制化を目指すが故に、政府部内の足並みが揃はなかったり、法案提出を次期国会まで見送らうといった弱気も生じてくるのではないか。しかし、今回の問題は、この法案が今期の国会に提出され、成立するといふことが非常に大事なことである。もしこの機会を逸したならば、次に打つ手はいろいろあるではあらうが、それは要するに時間の浪費になるし、我が方の経験する一の挫折が、反対勢力にとっては大きな得点となってしまう」（小堀「国旗・国歌法案の行方」『神社新報』一九九九年四月二十六日号）。

こうしてみると、このたびの「国民祭典」なるものも、右派の面々にとっては、アイドルたちにすがってでも、「賑賑しく」みせ、「盛上げ」てみせる必要があったのだ。しかし、結果はさきに述べた通りだった。とはいえわたくしたちはゆめゆめ気を許してはならないだろう。「祭典」を挙行したこと自体が、右派にとっては「始まり」なのだ。

昨今の日本の右傾化、戦争国家への道は、天皇制強化と一体のものと捉え、天皇制廃絶の闘いをも視野に収めていかなければ、わたくしたちの未来はいよいよもって危ういものになるとわたくしは考える。

［初出・『週刊新社会』第一七六〜一八〇号・一九九九年十一月二日〜十二月七日］

天皇制と女性

現代天皇家の女たち

まず最初に、具体的に天皇家の女たちについて考えてみたいと思います。現在はいわゆる象徴天皇制です。去年（二〇〇〇年）死去した皇太后良子（香淳皇后）という人はもともと皇族出身ですが、彼女は戦前戦後で違う時代を歩みました。戦前は「神」としての天皇に仕える立場にありました。当時「国母」という言葉がありましたが、良子は「国母陛下」として、天皇と共に畏敬の対象でありました。戦後、象徴天皇制になり、天皇家はイメージチェンジを図らなければならなかったのです。「人間天皇」ということが一九四六年のいわゆる「人間宣言」により言われましたが、その前後の新聞をずっと繰って見ていきますと、まず良子皇后の「人間皇后」像へのメディア操作が先行しておこなわれました。新聞に掲載されている写真をたどって見ていくとそれがよくわかります。天皇制を守るために象徴天皇制が受け容れられたのです。日本国憲法に沿うような形の民主的夫婦・家庭像・家族像というものを、とりわけ良子に象徴化させる必要があったと思います。良子皇后という人は基本的には天皇裕仁のよき妻であり、決して前には出ず、常に夫の後ろにいて、夫を「内助の功」的に支えました。そういう意味では彼女は見事にジェンダー役割を果しました。

美智子さんが結婚したのが一九五九年ですが、当時大変な「ミッチーブーム」が起こりました。その背景には彼女が旧華族でもない、皇族でもない、「平民」出身であったからです。「平民」って考えてみますと、変な言葉ですが、いまでもけっこう使っています。しかし実際は、美智子さんの家というのは日清製粉という大企業のオーナーであり、大ブルジョアジーの出身です。しかし、初めて華族でも、皇族出身でもない、民間出身の皇太子妃ということで、巧妙なメディア操作がおこなわれ、彼女を「大衆から愛される皇室」、「開かれた皇室」の中心軸に据える作戦が練られ、成功してきました。まさに「大衆天皇制」のヒロインとして登場してきたわけです。象徴天皇制のなかでの真の皇后像というものを彼女が提示していったと思います。

一九九三年、あらたなヒロイン、雅子さんという人が登場します。ともかくもこれまた「平民」出身ということで宣伝されましたが、彼女も、もともと支配エリートに属する女性です。彼女自身もオックスフォード大、ハーバード大に留学した外務省のキャリア官僚です。そしてお父さんは外務省の条約局長、事務次官、駐米大使、国連大使、と非常に典型的な高級官僚の道を歩んだ方です。

また雅子さんの母方の祖父・江頭豊さんというのは、水俣病を発生させたチッソの社長だった方でもともとは興銀マンです。昔の興銀マンというと大変なエリートといわれました。また母方の曽祖父は職業軍人で海軍中将だった方。「平民」とはいえ、まさにエリートに属する出身であり、知的、経済的に恵まれた環境に生まれ育ち、とんとんと階段を登っていった方です。少なくともわたくしたち庶民から見て同じというわけにはいかないでしょう。

この雅子さんが登場した同じ一九九三年というのは、「従軍慰安婦」問題、日本軍性奴隷制問題が日本社会でも大きく取り上げられてきたころです。金学順《キムハクスン》さんが名乗り出て、「私は性奴隷であった」と告白し日本政府を告発する。それによりわたくしたち日本人が非常に衝撃を受けたそんな時代でした。

ところが当時雅子さんが皇太子妃になったということで非常に著名な文化人フェミニストといわれている方も含めて、「これでキャリアウーマンが社会的に認知されて嬉しい」とか、「皇居内で男女平等運動をおこなってください」とか、「皇室典範で女性天皇を認めないのはおかしい。これは男女平等原則に反する」「皇室典範を改正し、女性も天皇と認めるようにすべきだ」というような意見がいわゆるフェミニストと名乗る方の間から出てきました。

しかし今日明らかになってきたように、いわば「従軍慰安婦」にさせられた方々は天皇制国家のもとで国家的性犯罪の被害者として、踏みにじられた人たちです。去年（二〇〇〇年）、画期的な「女性国際戦犯法廷」が東京で開かれ（本書、第四章参照）、天皇の戦争責任、天皇制の軍隊がいかに多くの女性たちにたいして組織的な性暴力をふるっていたのかということ、そしてその問題が今日にいたっても解決しないのは、敗戦時に戦争責任で一番の責任を有していた天皇その人が、アメリカの占領政策により、その責任を問われなかったところにあるということがはっきりしました。九三年の段階でも少なくともわたくしは、「日本軍性奴隷制の基本的側面は三つある。民族差別、性差別、そして天皇の軍隊の持つ本質である」ということを主張してきましたが、とうとう世界の市民による法的ジャジメントがくだされたのです。

「従軍慰安婦」問題のみならず、近代天皇制に限ってもこれが性差別の岩盤を作っているものであるということははっきりしています。それなのに性差別（そのほかにも部落差別とか、民族差別とか、障害者差別などいろいろありますが）、そうした差別の元凶になっている制度の下で女性が天皇になる、あるいは有力なメンバーとなることによって男女平等になるという議論そのものが、ねじれているとわたくしは思います。

古代天皇家の女たち

ここで、少し大昔のことを話します。古代の天皇家では、中国・唐の律令制を真似て導入されたなかで、「後宮制度」ができました。天皇の妻たちは三種のキサキと分けられまして、いわゆる「身分」によって「妃《ひ》」「夫人《ふじん》」「嬪《ひん》」と分かれていました。「妃」になるのは内親王、つまり天皇の娘、「夫人」というのは高級貴族の娘、嬪はそれ以下の娘がなります。それらの上に天皇の「正妻」として「皇后」がいます。「後宮制度」にはもう一つ「十二女司《じゅうににょし》」という制度があり、「内侍司《ないしのつかさ》」以下、天皇の公私にわたり、たくさんの仕事をする女性たちがいます（女官たち）。その一番下の層にいわゆる「采女《うねめ》」という女性たちがいますが、采女はもともと地方豪族から天皇に差し出す「献上品」

でありました。

まさに天皇に献げられた「性奴隷」です（門脇禎二『采女』中公新書、一九六五年参照）。律令体制下で整備された「後宮制度」は、天皇にのみ奉仕するシステムでその後も延々と生き続け、歴代の天皇たちはたくさんの「後宮」を抱えました。たとえば桓武天皇には名前がわかっているだけでも三十一人の妻妾（後宮）がいて、その間に多くの子女がおりましたし、桓武天皇の息子である嵯峨天皇もたくさんの後宮をもち、五十人くらいの子女をもうけています。

また、貴族のなかで大化の改新で天智天皇の厚い信任を受けた藤原（中臣）鎌足を祖とする藤原氏が突出して権勢を持つようになります。いわゆる権門勢家といいますが、藤原氏は天皇家との縁組み、つまり外戚政策をさかんにおこない、権門勢家にのしあがります。娘を天皇や皇族たちに「入内」させ、「輿入れ」させ、「嫁がせ」る、そして天皇の舅となり、天皇の外祖父となり実権を握り、権勢を振るうのです。

藤原氏というのは、のちに五摂家に分かれます。五摂家のみが摂政、関白の地位を独り占めするようになります。近衛、鷹司、一条、二条、九条が五摂家です。前の細川護熙首相が近衛文麿の孫。麻生太郎衆院議員（自民党政調会長・当時）は吉田茂元首相の孫ですが、彼の姉妹は三笠宮寛仁の妻というように皇族間や支配層ではいまだに閨閥関係は続いており、歴史というのはあなどれません。天皇側も権力のある藤原氏と結びつくことにより、天皇家、皇族内での足固めをします。

藤原氏の「栄華」が極まったのが藤原道長の時代です。彼は娘たちを同時に「三后」といって、太皇太后、皇太后、皇后にしてしまう。そうすると権門を振るう藤原氏にたいして、貴族たちが少しでもいい地位を得ようと猟官運動をします。藤原道長の屋敷が火事で焼けたとき、貴族たちは莫大な寄進を競っておこないました。そうして蓄積された富の結果が藤原氏のつくった奈良の興福寺や宇治の平等院などであり、いまでもそういう遺跡があちこちに残っています。

中世以降も、「後宮」、「お局《つぼね》」制度というのが維持されます。中世以降というのは武士が登場し、覇権を握り、天皇の実権がまったく後退して文化的存在でしかならなくなってしまいます。そういう存在になりながらも男系血統維持のためといって、天皇家は「血の」継承に励み続けます。歴代天皇たちは多妻多子制度を維持するのです。一例として後陽成、後水尾、後西、霊元という江戸時代の歴代天皇をみても、最低二十人以上、なかには三十人以上も子女をもうけています。しかし天皇位につける子どもというのは限られていますから、他の子どもたちはどうするかといいますと、出家させるか他家へ養子に出しました。

近代天皇制と家制度

近代に入っての「家制度」はもともとは天皇家、公家、武家階級のいわゆる「家督相続」が基になっています。家督というのは「家名」「家屋敷」、「墓」等を示します。基本的に家督は「嫡男」、跡取り息子が相続するということでありました。それを庶民の間にまで広げようとしたのが近代「家制度」であり、一八九八年の「明治民法」親族編・相続編によって完成をみました。家制度は一言でいえば女性を家に閉じ込めるものです。「家内」という言い方はそこからきております。女性の役割を家のなかでの妻役割と母役割に押し込めるシステムです。

結婚制度、法律婚制度が導入されてからせいぜい百数十年しかたちませんが、この制度はお金のような「動産」である娘を父から夫へ譲渡するシステムです。女は家畜のように焼印を押されて父から夫へ譲り渡される「物」であり、人格がないとされるのです。人格がないから「俺の持ち物に乱暴、暴力をふるおうが勝手だ」ということになり、それが今日いうところのドメスティック・バイオレンスの温床になりました。そして女性の命といわれた「貞操」は、彼女の性的人権というわけではなく、夫の所有権が侵害されたという考え方をしたのです。

近代天皇制と家族国家

「家族国家」観は、穂積八束という法律学者（東京帝国大学教授）が最初の一八九〇年民法（ボアソナード民法）に反対して書いた有名な文章（「民法出でて忠孝滅ぶ」）で、日本というのは、醇風美俗の家族制度、家族主義に基づく、家族国家で、家族制度は「国体」（天皇制）の基礎をなすもの、といった家族国家イデオロギーで早くも特徴づけられていました。日本の家というのは、国民すべてが天皇家を宗家と仰ぎ、天皇と皇室を扶翼するという同じ目的をもち同じ精神をもって生活する一大家族国家、とする考え方です。『臣民の道』という、アジア太平洋戦争が勃発する直前（一九四一年）に、文部省が「臣民教育」のバイブルとして出した小冊子がありますが、そのなかに「義は即ち君臣にして情は猶父子のごとく」というい方が出てきます。擬制家族（親子）イデオロギーです。また、「忠孝は不二一本《ふにいっぽん》」とも出てきます。親にたいする孝と君にたいする忠、これは二つにして一つで、親に尽くすことは、すなわち君に忠義を立てることで、だからこれらは二つに分かれるものではなく、一体不可分だとして、天皇へのひたすらなる忠誠を強調しているのです。また「君民一体」とか「君臣一如」、つまり、「君」と「民」とは一体であるということですが、これは、君と民が対等関係にあることを決して意味するのではなく、臣民＝国民は天皇にたいして限りない献身と犠牲が強要されることを意味しました。その極まったのが自爆作戦ともいうべき「神風特攻隊」ですね。

『臣民の道』が指し示す結婚観というのは、わが国の家は祖孫一体、祖先と子孫が一体の連携をもち、家長中心の結合とよりなる、というものです。すなわち親子の関係を主軸とし、家長を家の中心とするものであり、家は家長を中心とする親と子の関係が主軸をなすのだといっているのです。したがって、わが国の「家」においては、家長と家族、親と子、夫と妻、兄弟姉妹、おのおのその分があり、整然たる秩序が存するとなります。そして結婚については「結婚は家の存続発展の基礎をなすものであり、親子の関係は結婚を前提として生ずる」と言います。

簡単にいうと、「娶った」妻に家を継ぐための子どもを産ませることが第一に大事だ、というわけです。「妻は単にその夫と結婚するに止まらずしてその家に嫁する」。「嫁」というのはそういう意味です。つまりまったく個人というものが認められない。結婚するのも国のためとなる。戦時中に

「結婚報国運動」というのが起こり、とりわけ傷痍《しょうい》軍人は結婚相手がいないということで、国策的に「傷痍軍人と結婚しましょう」という運動が起こされました。いまでいう性的自己決定権というのは女にはないという考えが大手を振って歩いたわけです。

戦前の「フェミニスト」たちの天皇翼賛

戦前の女性運動家たちが天皇翼賛の言辞をどのように述べ、書いていたかということをごく簡単に話しますと、たとえば、平塚らいてうさんは、次のような言葉を残しています。「天照大神に、その生き通しでいられる天皇に絶対帰一し奉ること、これがすべての新体制の根基ではないか」(「日記抄」『婦女新聞』一九四〇年十月二十七日、「平塚らいてう著作集」、大月書店、一九八四年、二三〇ページ)というようなことを書いています。一九四〇年十月というのは大政翼賛会という文字通り天皇翼賛の一大公事結社ができたときです。総裁が時の首相、近衛文麿です。昭和天皇が天照大神の生き通しであり、これに絶対帰一し奉ることが、近衛新体制、翼賛体制のもとになるのだと日記に記しているのです。

翌年、市川房枝さんは『女性展望』という、当時、彼女たちが発行していた機関雑誌のなかで、「時局は重大である。(大政)翼賛会がどうあらうとも、私共は『みたみ』として翼賛の臣道を実践すべきである。(中略)私共はひるむ心に鞭打ち、私共としてなすべき翼賛運動に挺身しようではないか」(「翼賛会の改組なる」『女性展望』一九四一年五月号)と記します。フェミニストたちはそのようにどんどん戦時体制に入り、最後の最後まで戦争を支えたという、わたくしたち日本の女性にとっては非常に苦い歴史があります。

　平塚らいてうは、母性主義フェミニストといわれていますが、その衣鉢を継ぐ女性史研究者の一人として高群逸枝さんがいます。彼女は一九二〇年代は非常に勇敢なフェミニストとして、男性が聞いたらびっくりするような、男性中心主義を否定する、アナキズムの立場にたったラジカルなフェミニズム論を主張していた女性です。その人が、戦時下になって、またびっくりするような翼賛女性史を発表し続けます。そして敗戦を迎えるわけですが、その方の一九四五年八月十五日の日記にはなんとも書いていません。晴れとも曇りともなんとも書いてない。丸だけ大きく書いてある。以後、毎年八月十五日は何も書いていません。敗戦の日の翌十六日の日記にようやく「木。はれ終戦／昨日正午戦争終結の大詔（十四日附）を拝す。畏くもラヂオを通じ、陛下御親ら決を下し賜ふ。恐懼おくあたはず。ああ戦ひ三年八ケ月、勇躍之に従ひしも、時利あらざりし也。〔中略〕伏してたゞ泣き哭くのみ。夜にねむりてさめて泣き哭くのみ。朝も泣くのみ。暫くも涙やまず。深く苦しき涙也。涙なき涙也。色なき涙也。これは何を意味する苦痛か。われらいまだ文をしらず。而して只苦しむ。四六時苦しむ……」（鹿野政直・堀場清子『高群逸枝』朝日新聞社、一九七七年、二五三ページ）と記しています。高群逸枝さんはその後女性解放の立場に立つ女性史を書き続けますが、わたくしが知る限り天皇制にたいしては一言も批判的な言辞は残していません。これは高群逸枝に限らないと思います。

天皇制のもとでの男女平等論

一九四六年十一月三日に日本国憲法が公布されますが、日本国憲法の公布に伴い、昔のいわゆる皇室典範（明治皇室典範）を変えなければならないということで、大急ぎで、皇室典範を改正する委員会が帝国議会のなかに設けられます。新典範は非常に短期間で決められてしまいました。そのため明治皇室典範と現在の皇室典範は基本的に変わっていません。つまり、男系血統も変わっていず、世襲制も変わっていません。変わったのは、昔は「庶出」、つまり「お局」、「側室」から生まれた子どもでも天皇になれた。事実、大正天皇は柳原愛子《なるこ》という明治天皇の側室から生まれた子であり、明治天皇自身も側室の子ども（生母は中山慶子。明治天皇の父、孝明天皇の「正室」は、英照皇太后）でした。その「庶出」を今度は認めなかったのです。それが変わったくらいです。

男系血統主義ですから、女性はたとえ天皇の子どもであろうと天皇にはなれません。これはおかしいのではないかと、当時社会党の衆院議員であった新妻いとさん、この人は戦前から「職業婦人」運動などをやっていた人ですが、「民主化」された日本のなかで、天皇家も民主化された、だから「女帝」も認めるべきであると主張しました。つまり、天皇制存続というのが大前提にあって、そこに男女平等を実現させなければならないという主張でした。これは新妻さんに限りません。そこにはまったく近代天皇制国家がいかに自民族中心主義の他民族排除の政策をおこない、侵略戦争を続行し、その中心として天皇が存在していたという認識がありません。

九三年皇太子結婚の折りの一部フェミニストといわれる人はある意味で新妻いとさんの主張を繰り返しているわけです。時期が前後しますが、一九七五年「国際婦人年」のとき日本大会があり、それは超党派の四十一女性団体が主催しましたが、そこに良子皇后が出席しました。天皇制というものが、そもそも日本国憲法第十四条にあるところの、平等原理を逸脱するものであることが女性団体のリーダーにも行きわたってないということが、図らずも露呈されたわけです。

反天皇制に生きた女性たち

このようにフェミニズムが戦前戦後を通じて天皇制に向き合い、抵抗し、たたかって来なかったという大きな問題がありますが、一方でごく少数派ではありますが、天皇制やそれを支える華族制度が人間平等の思想に反する、また民族差別の根でもあり、階級的差別の根源でもあるということをきちんと見通す女性たちもいました。管野すが、金子文子、水平運動（部落解放運動）の高橋くら子といった人たちはそういう人たちです。いずれも若かった女性たちです。管野すがは一九一一年に三十歳で大逆事件で絞首刑にされました。金子文子は一九二三年、朝鮮人虐殺を隠蔽するため仕組まれた「爆弾計画」（未遂）で、在日朝鮮人の夫、朴烈とともに関東大震災の直後に検挙され、死刑を宣告されますが、天皇の「恩赦」によって無期刑となります。しかし、一九二六年、文子は天皇の「恩赦」を拒否して自決しました。享年二十三歳。文子の思想は絶対平等に基づく反天皇制思想に貫かれています（本書一一七ページ参照）。

高橋くら子は一九〇七年生まれで、部落解放運動の女性闘士として、まだ女学校在学中から運動に携わり、十代でわたくしがいま申し上げたようなことを主張しました。そういう歴史がなかなか女性史のなかでも重んじられてこなかったのです。しかし本質を見抜いた女性たちがいたこと、女性思想があったということはいまのわたくしたちに非常に大きな希望と勇気を与えてくれるのではないかと思います。

教科書問題と国家主義

去る四月四日（二〇〇一年四月四日）の『朝日新聞』で「新しい歴史教科書をつくる会」教科書の内容を紹介する記事と、同時に四人の専門家によるコメントが掲載されました。歴史学者の鹿野政直氏はこの教科書の特徴を、おおむね次のように述べています。この教科書の「全編にわたる基本的性格は、意識を国家に一体化させるための誘導と、社会運動や思想弾圧に関する記述が少ないことなどに表れる民衆の歴史の黙殺だ。『国体』中心の『自己陶酔史観』が貫かれている」。まさにそのとおりだと思います。それと、「女性」がまったく欠落させられています。わずかに人物コラムに津田梅子と与謝野晶子が出ていて、「女性が輝いた明治」の例として書かれてあります。津田梅子はいまの津田塾大学をつくった人です。昔は津田塾といわず女子英学塾といったのですが、英学を習得することにより、当時の言葉でいうと自立した「職業婦人」になることを追求していったわけです。

もう一人の与謝野晶子は歌人としてよくご存じだと思います。「その子二十櫛にながるる黒髪のおごりの春のうつくしきかな」という、みずみずしい新鮮な情感が歌いこまれている歌があります。「つくる会」教科書は、この歌を紹介しつつ、この後に「晶子の歌は、明治という時代の、自由な新しい感情表現の試みであり、それまでの形式を脱した新しい短歌の可能性を開いた」と説明します。あたかも「明治という時代」が晶子の歌の新しさを創ったような印象を与えますが、人が時代を創るのではないでしょうか。また、「与謝野鉄幹とのはげしい恋愛の末の結婚が話題となり、晶子は奔放な女性だというイメージが広がった」「晶子の人生観や思想そのものは、家や家族を重んじる着実なものであった。晶子自身は歌人として活動を続けながら、大家族の主婦として、妻や母としてのつとめを果たし続けた」とも述べています。これは晶子の実像を矮小化しているのではないでしょうか。晶子は法律婚的なものにとらわれずに、鉄幹にすでに妻がいたのにもひるまず、彼にたいしてはげしく恋愛したのであり、いまの言葉で言えば、「略奪婚」の先駆者ともいえる人です。狭い家制度の枠内に収まりきれる人ではありません。それを妻役割、母役割という良妻賢母の枠内にぴったりはめ込もうとしているわけです。

彼女の有名な詩で、日露戦争のときの「ああ君、死にたもうことなかれ」というのがあります。その反戦詩にたいして「つくる会」教科書は、「晶子は戦争そのものに反対したというより、弟が製菓業をいとなむ自分の実家の跡取りであることから、その身を案じていたのだった。それだけ晶子は家の存続を心に留めていた」と書いており、家制度擁護のための恣意的かつ強引な解釈をおこなっています。これは本当に歪曲です。晶子が地下からよみがえってきて、歴史を歪めるな、と叫び出しそうです。また、「君死にたもうことなかれ」には、「庶民たちがどんどん兵隊として送られるのに、天皇の軍隊の総指揮官である天皇は後ろにいて、なにごとぞ」（「すめらみことは、戦いに／おおみずからは出でまさね／互《かたみ》に人の血を流し、／獣の道に死ねよとは、／死ぬるる人の誉れとは、／大みこころの深ければ／もとより如何で思《おぼ》されん」）というような部分もあるのに、それには全然、触れていません。おかしな教科書です。

定期購読はしていませんが、最近、『産経新聞』を愛読しています（笑）。長谷川三千子氏、島田晴雄氏、森本敏氏、坂本多加雄氏とか三浦朱門氏が出てきて「憲法と天皇」というようなテーマで、言いたい放題の記事がいっぱいでてきてます。だいたいこの人たちが言っていることが少しずつ実現化してきています。「君に忠、親に孝」「兄弟に友に、夫婦相和し」とか、昔の教育勅語は素晴らしいとか宣伝しています。

おととし、一九九九年に即位十周年の奉祝記念式典などがありましたが、そのときの奉祝議員連盟の会長が当時自民党幹事長の森（喜朗）さん。このとき彼は、若い人にも日本の天皇制の素晴らしさを知ってもらうんだと発言し、その翌年には首相として例の「神の国」発言をしました。いままでは大声で言えなかったことが堂々と言えるようになってきております。これまでそういう反動的言辞は一部のウルトラ・ナショナリストに限られていました。特に学問領域でそういうことを言ったら、見向きもされなかったのにいまはその人たちの方が急速に伸びてきています。国家主義というものが確実に力を持ってきていると思います。その背景には市場主義の問題とか、グローバリゼーションとか、経済問題と密接に結びついているでしょうが。

これから私たちにできること

では、フェミニズムに立とうとするわたくしたちの運動はこの国家主義にどう立ち向かうべきか、ということを少しみなさんにご提案して、一緒にできるものがあればやっていきたいと思います。まずわたくしは去年の「女性国際戦犯法廷」が明らかにしたように、天皇の戦争責任を歴史的事実に沿って、女性の視点からきっちりと分析し、その論理と運動を構築することが大事だと思います。

二つめは雅子さんに女の子が生まれたらまた「女性天皇論」が大合唱されると思いますが、「女帝」論が持っている危うさを徹底的にわたくしたちは突っついていこうと思います。

それから三つめとして、日本国憲法の前文の前に天皇の言葉（「上諭」と称し、「朕は、日本国家の…」で始まる）がありますが、あれは削るべきだと思います。また憲法の一～八条の天皇条項は日本国憲法の本来持っている平等原理にまったく背馳するものですからその削除運動を開始すべきと思います。

四つめとして、わたくしたちは一九九七年に「女性・戦争・人権学会」というのを立ち上げましたが、この六月二十四日に早稲田大学で、「象徴天皇制を問う」という形でパネルディスカッションをしますので、参加を呼びかけます。また「女性・戦争・人権学会」が一つの受け皿になり、たとえば韓国との合同の女性歴史教材づくりにも取り組みたいと思っています。「つくる会」教科書はあまりにひどいものですが、いまの歴史教科書は全体として女性の視点が弱いと痛感しております。書き手がほとんどが男性でもありますし、また女性であっても必ずしもジェンダーの視点を教科書に反映できているかどうかわかりません。多くのみなさんとも協力して、いま申し上げたような教材をつくるということもやったらどうかなと思っています。

［初出・アジア女性資料センター発行『女たちの21世紀』（第二七号・二〇〇一年八月）に加筆。
二〇〇一年四月、同センター主催の公開講座「国家主義とジェンダー」での講演］

「皇孫」誕生と「女帝」論再燃の意味するもの

去る十二月一日（二〇〇一年十二月一日）、皇太子妃雅子に女の子が生まれた。かねてから予期した通り、大変な騒ぎである。夫妻が住む赤坂辺の町内会では、「慶祝」の「提灯行列」をにぎにぎしくおこない、多数の小学生も動員していた。

テレビが伝える女児出産にたいする敬語の乱発は、とりわけ異常を呈している。いわく「皇太子妃雅子さまが女のお子さまをご出産されました…」といった類いである。「ご出産」を「お出産」と、ある男性アナが読み間違えたときには思わず笑ってしまった。「皇室用語」のマニュアル通りに読んでいるのであろうが、ふだん使いなれない言葉の連続に彼らもきっと苦労しているのであろう。

翌二日、所用があり、有楽町辺に出た。地下鉄の改札口あたりに数人の警察官が配置されていて、いささかものものしい雰囲気である。何かと思ったら、皇居坂下門内でのお祝いの記帳に伴う警備のようである。地下鉄内の通路のあちこちに「皇孫殿下」ご誕生祝賀と書かれた記帳所への案内札がぶらさがっている。まるで「明治憲法」下にタイムスリップしたような錯覚を覚えた。

所用を終え、帰路再び地下鉄に乗車しようとしたところ、午前中にはほとんど見かけなかったホームレスの人たちが構内にぽちぽちと点在し、寒そうに背中を丸めてうずくまる姿が目立った。彼らは夜具はもとよりダンボールの類いも一切持っておらず、地べたに直接、身体を横たえていた。ここをねぐらとすることも許されず、おそらく排除されるのを予想してすぐ立ち去れるように「軽装」なのであろう。

「弱肉強食」の「構造改革」、リストラという名の大量解雇で、実に五・四パーセントの失業率を記録したという、ほんの一端がかいまみられる思いがした。

その一方でこのたびの女児誕生で「皇子室」なるものが約二千九百万円もの巨額の税金を投入して改修されたという。

なんともはや不条理なものである。一片のパンとねぐらを求めて街頭をさまよう大量の失業者群と、ある一人の女児誕生に特別の意味を持たせ、特権扱いし、騒然と祝賀を煽りたてるマスメディアとその背後の権力。また一歩、戦前が近づいてきた感が強くする。

ところで、この「女児出産」で、ひとしきり下火になっていた「女帝」論が再燃しそうな雲行きである。元首相・中曽根康弘直伝の「憲法改正」論者、山崎拓自由民主党幹事長が再び「女帝」容認・皇室典範改正を言い出した。野党の自由党小沢一郎党首も同様の主張を繰り返している。彼らの発言要旨は、いまや「男女共同参画社会」で男女平等は当然、女性天皇であっても差しつかえない、といったものであった。

「男女共同参画」や「男女平等」が、天皇制存続のためのキーワードになったとは、何とも皮肉なことである。つい十数年くらい前までは、彼ら支配階級は、天皇家の男系血統主義の伝統に必死にしがみついていたのではなかったか。

そもそも天皇制システムは、このたびの「女児出産」の騒ぎにうかがわれるように、民主主義原理と平等原理に真向こうから背馳するものである。人びとからある特殊な「家系」のものを取り出し、特権視し、「貴種」扱いすることは、他方において人びとを「差別化」し、「人権」概念から排除しかねない。部落解放運動のリーダーであった故松本治一郎が喝破した「貴族あれば賤族あり」は、まさに至言である。

女性皇族が天皇になったところで、天皇制システムに根本的な変化はあり得ない。現行皇室典範の男系男子血統主義を一部修正し、女性皇族の「平等化」を部分的に進めたところで、日本社会のなかでの性差別をはじめとする差別の撤廃には決してつながらないのである。

なぜなら、天皇制というシステムこそ、さきにも述べたように民主主義と平等原理に背馳する、巨大な差別装置であるからだ。

秋篠宮（現天皇の「次男」）以後の次の天皇になる男性皇族がいない現状において、いまや「女帝」こそが天皇制存続のための唯一のカギである。権力やマスメディアが放つ、見せかけの「皇室」の

「民主化」や「平等化」に惑わされず、わたくしたちは天皇、天皇制の真実を知り、解体へのプロセスを探っていかねばなるまい。

〔初出・『週刊　新社会』第二七七号・二〇〇一年十二月十一日〕

見えない問題をどう可視化するか
——女性・戦争・天皇制

きき手・桜井大子（反天皇制運動連絡会）

不平等の上に鎮座する『女帝』論議

——十二月一日、皇太子夫婦に、女児トシノミヤアイコが生まれましたが、男の子が生まれるのではないかという私たちの予想は完全に裏切られましたね（笑）。

この皇太子の第一子として女児が生まれたということで、次は男の子を産ませるという話もあるかも知れませんが、すでに皇室典範改「正」の問題は出てきています。「女帝」論議も、ここにきてかなり具体化してきています。そして、アメリカが世界中を巻き込む形で「報復」戦争を進め、それに便乗して日本は実質的な参戦国となりました。先日の「不審船」への日本の対応など、本当にきな臭い状況が作られつつあります。このようななかでの「女帝」容認論ということになるわけですが、「女帝」容認ということ自体が一つのイデオロギーとして出てくるのではないか、いまの日本社会で起こりつつある事態を象徴する形で「女帝」というものは使われていくのではないか、と考えたりもします。このような状況での、フェミニズムの、あるいは反天皇制の運動の現在的な課題は何か、みたいなところで、少しお話をうかがっていきたいと思います。

まずは、第一子が女の子だったということが、天皇制を支える側――政府・宮内庁・マスコミにとって、といっても一枚岩なわけではないんですけど、どのように評価されるか、というあたりから。それから、「女帝」論議の再燃にしても、しようがないからというのではなくて、「女帝のほうがもしかしたら良いんじゃないか」と思っている部分があるのではないか。そのへんもちょっと気になっているところなんですが。


鈴木 あの、いかにもマッチョな中曽根康弘元首相でさえ、女性天皇けっこうだって言っているわけでしょ。

人びとを惑わす、ないし騙すという意味では、女性天皇の方がより巧妙に騙せるでしょうね。確かに「女帝」容認ということ自体が一つのイデオロギーというご指摘は肯けます。政治家というのは多分にそういうこと（イデオロギー操作）を考えているでしょうから、積極的に「女性天皇」がけっこうであるという主張が出てきてもおかしくないですね。現にこの間のそういう動きを追うと、山崎拓自民党幹事長とか小沢一郎自由党党首とか、その上の中曽根康弘元首相とか、彼らが率先して言いふらしてますよね。彼らは天皇制右翼でしょ。加えて言うならば、男権主義者。彼らにフェミニスト的志向があるとは思えませんね。だから彼らにしてみれば、一姫二太郎じゃないけど、次が男であればベリー・グッドですよね。

基本的には雅子さんに皇子を産んで欲しいというのは、一番強い期待としてあるでしょう。ただ、それはどうなるかわからない。だから様子を見ながら「皇室典範」がすぐに変えられるように準備は整えておくということでしょうね。いわゆる進歩派、護憲派憲法学者の植野妙実子さんなんかまで、憲法を変えなくても「皇室典範」を変えるだけで女性天皇は誕生させられると、お墨付きを与えています（『東京新聞』二〇〇一年七月二日付「女帝復活の必然性『平等感』欠いた皇室典範　民主的継承は時代の要請」）。

わたくしは前から言ってますけど、天皇制度そのものが世襲制を認め、身分差別というものを認めた上に成り立っているわけだから、それ自体が反平等的、反民主的なものですよね。その反平等的、反民主的な天皇家に植野さんが主張されているような、仮に男女平等という一つの平等化を持ち込んでも総体としての天皇制の反平等的、反民主的な装置、性格はいささかも変わらない。天皇が女になろうとなるまいと、天皇制が持っている反平等性、反民主性はいささかも変わりませんよね。

――むしろ不平等性が隠蔽される。

鈴木　そう、隠蔽されるだけです。

――これまでの「女帝」論議で、私たちの方の論議はおおかた出尽くしたともいわれるわけですが、これまでとは違う状況として、皇太子の第一子として女の子が生まれたということ、それから本当に日本が参戦国となったという二点が大きくあるわけですよね。そういうなかで、政府・宮内庁側は、象徴天皇制のあり方というものをどのように打ち出していくのか、考え直していると思うんです。そこで私たちの問題になるわけですが。

鈴木　運動側の問題としては、天皇制をどうしたら可視化できるかということですよね。たとえば、日本軍「慰安婦」（性奴隷制）問題が問われ始めてから十二年経とうとしてますけど、当初この問題にたいして、天皇制国家の国家犯罪であるという捉え方は、比較的弱かったんです。民族差別と性差別という捉え方は最初からはっきりしてましたけど、そこに天皇制を結びつけて「慰安婦」問題を日本側で語る人は多くなかったんですね。わたくしは当初からその三つの側面を言っていたわけですが、その三つめ（天皇制）の問題を言うとけっこう不思議がられたり、珍しがられたことがあるんですよ。結びついてなかったのね。

今日では、「日本軍性奴隷制を裁く女性国際戦犯法廷」東京法廷（二〇〇〇年十二月）・ハーグ法廷（二〇〇一年十二月）の判決によって、「従軍慰安婦」犯罪におけるヒロヒト天皇の有罪というのははっきり認定されましたけれども、そこにいたるまでのいきさつはいろいろとあったわけです。ただ、被害者（韓国の金学順《キムハクスン》さんがはじめて名乗り出た）が九一年の八月に出られはじめ、九二年には非常にたくさんサバイバーが、韓国をはじめとして出られはじめました。その時、特に直接植民地支配を受けた韓国の被害者たちには、天皇の犯罪だという思いがかなり明確な意識としてあったと思うんですね。外にいる人たちからすれば天皇の犯罪というのははっきりするんですよ。

日本人も、支配者は別ですが、本来的には庶民は天皇制と戦争の被害者ですよ。ところがそういう人たちにとっても、天皇あるいは天皇家の人びとというのは特別な存在で、彼らがそもそも罪を負うているなんて思ってもみないわけですね。

――鈴木さんは、天皇制批判をする私たちは日本では居心地が悪いというか、違和感があるけど、外国ではそうでない、と言われてましたね。

鈴木　そうなの。外国ではすぐ通じるわけですよ。わたくしはそういう経験が何回もありましたよ。しかし、九八年の十二月に、この女性国際戦犯法廷のための最初の大規模な国際会議があったんですね。その時に日本側の発題者の一人として、わたくしは「誰を、なぜ裁くのか」（本書一九九ページ参照）ということで、ヒロヒトとその幕僚たちを裁くんだということをいったら、会議終了後、韓国の大学の先生だったんですが、わたくしのように天皇のことをそういうふうにはっきりと言う人はあまり日本ではお目にかかったことがないと言われましたよ。運動のなかでも少数派なんですよ。でも、この間の二、三年のあゆみのなかで、必死になってＶＡＷＷ－ＮＥＴ　Ｊａｐａｎのみなさんたちを中心として、Ｈ（ヒロヒト）プロジェクトというものをつくってヒロヒト天皇の戦争犯罪の歴史的事実を積み上げていったんですね。

でもね、一九九三年の雅子さんとヒロノミヤの結婚の時、一部のフェミニストたちや女性議員の人たちが、女性天皇を認めないのはおかしいとか、その一方でこれでキャリア・ウーマンが認められたとかの〝奉祝〟発言がありましたね。長年にわたって遺棄されてきた被害女性が必死になってカミング・アウトし、天皇制の犯罪を告発しているその声を一方で聞きながら、皇太子と雅子さんの結婚にわく日本のキャリア女性たちって何だろうと思いましたね。

――本誌前号のインタビューで加地永都子さんも嘆かれていますが、去年（二〇〇〇年）の女性国際戦犯法廷で天皇の有罪判決が出され、その興奮まだ冷めやらずのところで、「マサコさま、ご懐妊おめでとう」はないだろう、というのもあります（「戦争をする国とその国の象徴の出産――フェミニズムの視点でどのように批判するか」『季刊運動〈経験〉』第三号・二〇〇一年）。ただ、今回は、自・他称フェミニストの「おめでとう」の声を、私はあまり聞いていません。女性が含まれる、いわゆる有名人の一言コメントはたくさん出ていますが。

鈴木　橋田壽賀子さんとか瀬戸内寂聴さんとかね。

――これから出るのかもしれませんね。イヤな感じだけどチェックしなきゃ（笑）。

戦争責任と目くらましの天皇制を可視化すること

――天皇制の過去の戦争責任は当然ですが、同時に現天皇はいまの戦争と無関係でいられるのかという問題が常にあるわけですよね。現在すすめられようとしている戦争をどのように天皇制が支えようとしているのか、そのへんについて鈴木さんはどう考えられますか。

鈴木　戦後の天皇制についていえば、今の天皇と美智子さんが結婚したのは一九五九年でしょう。ということは、六〇年安保の一年前なんですよ。当時の新聞を繰ってみると、メディアはもう大はしゃぎですよ。まず結婚前年の一九五八年にメディアはアキヒト皇太子にスポットを当て、彼の行動を細かく追っています。そしてその年の十一月に劇的に正田美智子さんとの婚約発表、初の民間出身の皇族妃ということでそれこそ狂騒曲みたいです。この段階で主役はアキヒトからミチコに代わります。そして翌年の四月の結婚式前後の模様を、これでもかこれでもかと取材し、垂れ流す。続いて妊娠発表。そして六〇年二月にナルヒト誕生というように、皇室の慶事が書きまくられています。そして日本人みんなが〃奉祝〃しているように報道し、少数意見は切り捨てられている。一九八八年のヒロヒト病状報道の三十年も前に私たちは皇室漬けされているんです。そしてこの時期は、警職法（警察官職務執行法）反対闘争から六〇年安保へと政治課題が目白押しにあったころでしょう。ちょうどそういうときにぶつけているわけでしょ。今度の場合も、折しも自衛隊がインド洋に派兵する時期にぶつけてるわけでしょう。

日本が現実に参戦しているにもかかわらずですよ、いまの段階では、日本も戦争に参加しているんだっていう意識が多くの日本人に共有されてないわけでしょ。で、意識のないところにもってきて今度のような日本中にとって「おめでたい」ことというふうな形でぶつけてくる。ある種の疑似平和ムードを拡大再生産していくわけですね。そのあいだにどんどんどんどん右傾化、戦争国家化していくわけですよ。国内的にも、構造改革の名のもとに反人権、差別化への動きを強めていっているわけですよね。

かつての天皇制というのは国家そのものだったんですけれども、いまはそういう危ない状況にたいする目くらませの存在ですよね。日本が平和でなくて、戦争に参加しているなんて、誰も思っていないわけでしょ、ごく一部の人しか。皇室はつくられた「平和」イメージの象徴。そういう点ではやっぱり象徴天皇制というのは使いやすいんですよね、支配者にとってめくらましの装置です。

アキヒト天皇は、この前の自分の誕生日の時に、「私自身としては、桓武天皇の生母〔高野新笠《たかののにいがさ》〕が百済の武寧王の子孫であると続日本紀に記されていることに、韓国とのゆかりを感じています」なんて言っちゃってるわけですよね。なかなか巧妙ですよ。あれは新たな「日韓同祖論」ね。戦前の場合はそれは侵略の口実に使われました。

――今回はなんでしょう。

鈴木　なんでしょうね。直接的には来年（二〇〇二年）の日韓共催ワールド・カップを成功させるということね。それと、教科書問題とか小泉首相の靖国参拝とかでぎくしゃくした日韓関係にテコ入れするという、極めて政治的な意図をもった、それを十分了解した上での発言ですよね。政治家天皇ですよ。

――そうですね。議会政治こそやりませんが、目くらませながらほんとの政治をやってるって感じ。もはや象徴とは言えない何者かって感じですよね。

鈴木　これは『朝日新聞』ですけど、アキヒト発言が韓国側に非常に好意的に受け取られたなんて報道してるでしょ。ほんとにそうなんでしょうかね。韓国の女性に聞きましたけど、好意的に受けとめているのは、金大中大統領サイドだけだと言っていました。

――どうなんでしょう。でも問題は、そういう声もあったんでしょうけど、そうでない声がどれくらいあったかなんてことを伝えてくれない。

鈴木　そうなんですよ。ほんとにそうなの。やっぱりわたくしたちに欠けていたのは、反天皇制運動なり、反天皇制の思想運動を、インターナショナルなところで一緒にアジアの人びとや世界の人びとと考えてこなかった、運動してこなかったということですよね。

反天連ではやってきました？　たとえば、反天皇制のための国際会議とか、国際シンポジウムとか（笑）。

――やってないですねぇ（笑）。

鈴木　そういうことも、やらないと見えないんですよ、客観的に。客観的に見えないということは、やっぱり弱いですよ、それと闘うときに。そういう点でこれからの課題は、反天皇制運動をいかに、あんまり使いたくない言葉だけど、グローバルに、国際的にも問題化していくことではないでしょうか。女性国際戦犯法廷はある程度それをやったんですよ。

ちょっと思いつきですけど、国家によって、権力によって棄民化された人たちがいたわけでしょ。たとえば、満蒙開拓団とかですが。事実上の棄民化政策だったと思います、南米に行った人たちも。いまでも南米に残っている人たちはたくさんいますが、その人たちの天皇イメージとはなんだろうかとか、満蒙開拓団にとっての天皇制とはなんだったのかとか、そういう視点を広げ、深めていかないといけないと思うんですね。

満蒙開拓団に顕著に見られますけれども、あの人たちは国策にのって行っちゃったんでしょ。その時の宣伝文句が五族協和、王道楽土。そして実際は、自分たち日本人が他の四族を従えさせたわけでしょ。特に満州に行った日本人農民たちは、いうならば国家権力の傘の下で、本来的には棄民化された存在であったにもかかわらず、国家の「ご威光」を笠に着て植民者となって、現地の人びとを抑圧搾取していたわけですね。ところがそういう立場にいたという意識・自覚がほとんどない。国家＝天皇制権力によって棄民化されながら、他方において現地の民衆を自分たちが尖兵となって苦しめたと、認識されてはいないのですね。そして四五年八月十五日、どうしたかというと、そこでもまた彼らは棄民化されていくわけ。そうやって二度も国家に棄てられながらも、それでもまだ、かつての五族協和、王道楽土は正しかったという幻想にひたっている。わたくしは、六、七年前、長野県の満蒙開拓団の記念碑めぐりをして、五族協和、王道楽土への謳歌や賛歌が刻み込まれているのをみて痛感させられました。日本の民衆は何て権力者にやさしいのでしょう。たいがいもうこの世にいない人たちだと思いますけど、やっぱりそう信じて戦後、死んでいったわけでしょう。そのへんもきっちり整理していかないと、大衆や庶民にとっての天皇制という問題が、はっきりしてこないんです。高度に抽象化できる世界に住んでる人たちだけが、天皇制を論ずるのにとどまっていては、そのへんが明らかに浮き彫りにさせられてこないんですね。

――たとえば、私たちのまわりでは鈴木さんや池田浩士さんたちが、たぶんそこに通じる仕事をなさっていると思うんです。いまおっしゃったような過去の歴史に依拠した足腰のある運動を模索するというのは、現在の反天皇制運動の力量からいえば、鈴木さんも含め、そういう人たちがやられた仕事にのっかってやるしかないと、個人的には思っています。逆にいえば、やろうと思えば少なくともそれはできるわけです。

でも、いま、現在の普通に生きている人たちが今の天皇制をどのように理解し感じているのかとか、そのようなことについての統計や分析された文献は、いいかげんな世論調査を別にすれば、あまりない。反天連の天野（恵一）は「皇室情報の読み方」とか、けっこうそれに近いことをやっているし、私たちも無関心ではいられないのですが、「庶民意識」みたいなところでキチンとできているわけではないですね。でも、そこはいまの天皇制がどれくらいの力を発揮できるかを計る判断のしどころ、判断材料の一つであるとは思っています。天皇制は一般的に認知され、支持されなければダメなわけですから。

鈴木　いま、天皇制が延命していくのに女性天皇っていうのは、あなたも言われるように、すごくいいでしょうね。たとえばヨーロッパ王室では女王であったり、第一子継承をとっているところが多いでしょ。だから、それがいまの世界的な流れだからそれに乗るのは当たり前だとすることが、一点ありますね。国内的にも、男女共同参画社会なんだからということから、女性を排除することはおかしいじゃないかと、そういうノリがありますね。さっきの植野さんなんかにしてもそういう流れのなかの主張でしょう。そして、今日の『朝日新聞』の世論調査、女帝容認八三パーセントという数字のトリック。

ようするにもたれあってるんですね、操作する側（マスメディア）と天皇制が。天皇とか皇族とか称する連中が、「私は高貴な生まれだ」と言ったってね、まわりでそれを言う（宣伝する）人がいなければみんなそう思わない、という話ですよ。王は自分が王であると誇示するだけでは王になれないって、いうでしょ。

そういう意味では、いまは戦前とは比べようもないくらい、まさに見えない権力であるマスメディアによって支えられているわけですよ、天皇制が。戦前は暴力的に国家権力によってガンガンガンガン天皇の神性や聖性なるものがつくられていきましたけど、いまはそうは簡単にはできない。でも、そういう徴候がないわけではないですよ。「日の丸・君が代」の国旗・国歌化による事実上の強制化とかね。向こうは硬軟の両面作戦できているわけですから、わたくしたちも両面作戦でいかないとね。それと、わたくしたちの身近にいる人たちに届く言葉で、反天皇制の運動をしていくってことですよね。

――簡単なようでいて、それが一番といっていいくらい難しいですよね。

想像力・加害者意識の欠落と運動の体制内化

――鈴木さんは著書『フェミニズムと戦争』(マルジュ社、一九八六年)などで、男並み参加という戦前型「男女平等」論が、結局、フェミニストを先頭に女たちが戦争と天皇制に加担していく結果を作り出したという歴史的事実について繰り返し言及されています。当時の「男女平等」の思想と天皇制国家が、お互いの利害が一致するところを見つけだし、一つの共犯関係を作りだしたという歴史の、一つの教訓であり、鈴木さんたちの女性史の仕事は、過去の歴史に学ぶべしという示唆であると考えています。そういう歴史の教訓が、本当に生かされなければならない状況に、私たちはいま直面しているのだと感じているんです。
女性兵士の問題や戦争を始めようとする国にたいして、あるいは、天皇家に子どもが生まれようとしているとき、女性史的な視点で何を言うのか。たとえば本誌前号で加地さんは「運動的にフェミニズムでキチンとした対抗軸をつくっていこうというのがものすごく弱くなっちゃった」というふうに指摘されています。

鈴木　加地さんが言われる通りよね。
――このフェミニズムでキチンとした対抗軸を立てるというところですが、日本固有のフェミニズムの問題もあるかと思います。そのへんについて、少し聞かせてください。

鈴木　わたくしはまず、女性兵士論を積極的に展開している人たちに疑問を持っているんです。女性が兵士として出かけていって爆弾を落とす。そこでどういう惨状が繰り広げられるのかっていうことをちゃんと想像して女性兵士論を言ってるんですかね。つまり、そこで名も知らない人たちがたくさん殺されるわけじゃないですか。
十月からアメリカ合衆国によるアフガニスタンへの空爆が続いていますが、米軍の空軍女性兵士がずいぶん増えて、二〇パーセント近いと、加納実紀代さんはおっしゃってます（「国家・暴力・フェミニズム――軍隊における男女平等参画をめぐって」『インパクション』第一二八号・二〇〇一年）。ハイテク兵器の発達の結果、遠隔操作もできるし、もう力技なんか必要ないんでしょう。でも、皮肉ですね。科学技術の〝進歩〟が女たちを殺戮行動に駆り立てていっているのですから。女性兵士論を積極的に主張している人たちは、その女性兵士が上から爆弾を落とすその結果を考えてるんでしょうか。軍隊とはそもそも人殺しするためのものという、基本的なところを欠落して語っているわけでしょ。どうして人殺しに女も男並みに参加しなきゃいけないの。逆ですよ。男を軍隊に参加させない、つまり軍隊をなくしていこうということをやればいいんですよ。

かつての戦争中、フェミニストといわれる人たちが戦争協力していったというのは、基本的には大日本帝国のフェミニズムであったということと、それに関連しますが、ナショナリズムに幻惑されて、戦争への想像力がはたらかなかったからなんです。日本軍が中国に行ったときにどういう惨状が展開されたか。当時、庶民というのは情報を持ってません。でもフェミニストといわれた人たちは、その人たちよりは情報をたくさん持っていたわけです。英語を使う人も多いし、国際的なチャンネルも持っていたでしょう。南京事件（南京レイプ）だって、日本軍の「慰安所」政策だって知らなかったわけないと思いますよ。

やっぱり問題は想像力と加害者意識なんです。日本のフェミニズム運動のなかに戦前も戦後も一貫して、加害者として自分たちも加担してしまった、加担させられたという、痛切な思いが蓄積されなかったんですね。戦後の女性史研究もこの点に関しては同罪です。

――それはフェミニストに限らず必要なことですよね。

鈴木　一般庶民はいつもいつも命令を受ける立場ですよ。だから、そういう立場そのものを変えていかねばなりませんが。女性指導者とかフェミニストだった人たちは、一般庶民とはちょっと違うわけでしょ。知識と情報を持っているということは、判断の材料にもなり、それに見合った地位と権力を与えられるわけです、体制側から。これはお金だけの問題じゃないんですよ。いわば指導的立場に立って、大衆にたいして指導なり命令なりを下せるわけです。サブリーダーとしての地位を、最高権力者から与えられるのです。そのとき女性運動家たちは、いろんな理屈をつけてますよ。参加（参画）イコール平等・解放になるとか、自分たちが体制内に入っていってよい方に変えていくんだってね。いまもそうでしょ。でも、そんなの不可能なんですよ。取り込まれたそのなかで変えていくなんていうのは、事実上不可能です。

それともう一つ、戦争を推進する側にとってみれば、人間的に女性の価値を認めて参加の道を開いたのじゃないのです。女性たちの力が戦争遂行のために欲しいからだけでしょ。いまだって、そのへんは多分に曖昧にされてるんじゃないでしょうか。参画とか平等とかを表玄関、タテマエにして、実際は体制内に女性の力をからめとっていく。

――少子化の現実を考えれば、物理的にも女も動かさなければ、というのは出てきますよね。それは本当に「聖域」なきで、戦争も含めて。

鈴木　うん、うん、それは見え見えね。

――ダーティー・ワークとかリスキー・ワークとか、いわゆる3Kといわれる領域にも女の手が必要になっている。女に付されたジェンダーの拡大みたいな、女性役割のグレーゾーンが見た目にも拡がっていくということになるのでは。

鈴木　ただ、どうでしょうかね。女のなかの階層分化の問題が大きくなってくるんじゃないですかね。

――出てきますよね。それをやっぱりマサコが象徴してますね。キャリア・ウーマン、上層階級だけが生き残って幸せになっていく、という。

鈴木　まさに、女のなかでの弱肉強食。そして女性天皇の象徴天皇制がそれを正当化する。まあ、耐え難い世の中になるわね、本当に。

やっぱり女のなかでも、偉くなりたい人っていっぱいいるんですよ（笑）。

――男にいるんだから男と同じ数だけ女にいてもおかしくはないですけど。

鈴木　もちろん、もちろん（笑）。大臣になりたい人も多いだろうし。

――それがある程度可能になってきているところでの、リアルな問題であるわけですね。フェミニズムが対抗軸を出すときの一つの視点として、そのへんもあるんでしょうか。鈴木さんがさきほど言われた加害者にならないという論理と通じますけど。ひらたく言えば、「偉くなりたいと思わない」（笑）。でも、これを運動として出すのは難しいですね。

鈴木　難しいでしょうね。

――結局、文化というか価値観や思想の問題ということになり、そのへんで人の考えをねじ曲げることはできない。ただ、こちらの方が気持ちがいいとか、競争原理がイヤだという人が増えれば……。

鈴木　そうですよ。競争原理社会には必ずそこで虐げられたり、いためつけられる人がでてくる。

そして、国内における階層分化・矛盾を繕うために外にたいして、異質なものにたいしての差別・抑圧をつくっていくわけでしょ。これはいつの世も権力がよくやる手です。わたくしたちなんかは、国内の異分子として社会的隔離の対象になるのでは。昔の言葉でいうなら「非国民」。ともあれ、そうやって矛盾を転嫁していくわけですよ。そうするとやっぱり平等原理を追求していくってことですよね。安っぽい平等ではない本当の意味での平等原理を。人間としての尊厳を確保していく、支えとしての平等原理ですよ。いま人間としての尊厳をぶち壊していってるでしょ、あちこちで。

――ただ、現実には競争社会の方がどうやらおもしろい、と思う人が多いのでは。

鈴木　実際そうなんでしょうけど、競争に勝てる人は、もともと勝てる条件を持っている人がほとんどです。そうでない人、いまの競争社会で居心地が悪いと思いつつある人はたくさん出てきますよ、これから。失業率もすごいし、おそらくこれから精神的・身体的疾患を持つ人が増えてくると思いますよ。人間は生身ですから激烈な競争に耐えられる人は、そう多くない。すでに過労死や過労自殺がその予兆として表れています。人間は誰でも、いつ弱者になるかわからないんです。私事で恐縮ですが、わたくしは三年前、突如、体調に変調をきたしました。それまでは病気らしい病気などしたことがない。だいぶ直りかけていますが、この体験で、人間は本当に生身である、ということを痛いほど実感しております。弱肉強食の論理でいけば、そういう人たちは早く淘汰されるべきだということになるでしょ。だけど、自分が淘汰されるべき対象として考えられたならば、そんな恐ろしいことといってられない。そこはやっぱり想像力を働かせなきゃならないんですよ。

いままでの運動は、わたくし自身も含めて、自分が弱者になるかもしれないという意識が薄かったような気がしますね。誰もが弱者になりうる、その時に社会がキチンとケアする。これは当たり前なんだけど、それを全部とっぱらおうとしつつあるわけでしょ。戦争だけでなくって、恐ろしい社会に向かっているんですよ。

そういうことと、なんであの家だけが、ということがあるじゃないですか。子どもの部屋（皇子室）を改修するために二千九百万円もの多額の税金が使われる。皇族が一人増えるだけで「国民」何十人分もの生活費がそちらの予算に取られる。

――今回のマサコの出産のために、多額の費用をかけて分娩室を改装したというのも驚きましたね。

鈴木　あの宮内庁病院って一体あれなんなのでしょう。あれも税金で運営してるんでしょ。おかしいじゃない、皇族専用の病室なんて。あの人たちのお金で経営しているわけじゃないでしょ。東宮御所に運び込まれたという最新の医療器機だって税金から出ているんでしょ。

――ヒロノミヤがポケットマネーで買うと言ったところで、それも税金（笑）。

鈴木　そうですよ。彼らにポケットマネーなんてないわけですもの。

――でも、それをシステムだけではなくて世論的にも許している。それを止めさせようという話にはなかなかなりませんよね。

鈴木　そういうことを考えさせまいとしているんじゃないですか。最初から思考を切断されているんです。関心を持たされる面と持たされない面が分けられちゃっているんですよ。

――人びとの関心の多くはマスコミに握られていて、操作された情報やイメージだけを受け取らされていくという構造がつくられている。そこにどうやって私たちが分け入っていけるのかというのは、いま本当に必要なところで難しい課題ですよね。

女性史的視点での新たな試み――"Her story"

――反天皇制の運動をどう伝えていくのか、あるいは女性史的な視点、フェミニズムの視点で、いまの社会にたいして何ができるのかというところで、模索された結果の一つなんだろうと思うわけですが、韓国の女性たちと共同制作するという歴史教材の構想について、最後に少し話してください。

鈴木　まだまだ暗中模索ですけどね。まず、一国史を相対化するということです。ナショナルヒストリーの仮面を剥いでいく、ナショナルヒストリーではなく比較史的に検証していく。ヒストリー（history）をハー・ストーリー（her story）に対置していく。やっぱりヒズ・ストーリーが多いでしょ。歴史を書くのも男、書かれるのも男、解釈するのも男。だから、女たちの目で事実を発掘し、再解釈し、いままでの歴史に書かれてなかったことがどういうことであるかを検証し、ということを、まずやろうと考えているわけです。

でも、女たちのみの歴史だけをやるというのではないんですよ。いま申し上げたように歴史の再発掘と再解釈も当然試みます。それから一国史的な史観からの脱却をめざすことと同時に、支配的な人物や支配的な思想ではない民の歴史に、きちんと視点をすえる。国境はいらないんです。でも、それはかつての日本と韓国との侵略・被侵略、加害と被害といった関係性を見ないということではないんですよ。それはキッチリと見ていくつもりです。

——具体的には、どういう人たちと共同作業なさるんですか。

鈴木　韓国挺身隊問題対策協議会（一九九〇年結成）というのがあるでしょう。そこで今年、「戦争と女性・人権センター」（理事長・尹貞玉《ユンジョンオク》挺対協名誉代表、所長・金允玉《キムユノック》挺対協常任代表）というのをつくったんですよ。そこのメンバーと日本の「『女性・戦争・人権』学会」との共同作業です。でも、これからいろんな人たちに呼びかけていきます。

——「新しい歴史教科書をつくる会」教科書の四年後の改訂に対抗してつくられた、とお聞きしたのですが。

鈴木　向こうはリベンジするといってますよね。でも、あんな教科書と競合する気はありませんよ。失礼ながらあのような程度の低いものと（笑）。あのようなものと争っていたら品格が劣ります（笑）。目標としては三年後くらいですね。わたくしたちは国家の検閲を拒否しますので、教科書ではなくて教材です。いまある既存の教科書の検証作業とかもあるわけですよ。そこに何が書かれ、何が書かれていないか、日韓の教科書でどういう項目を取り上げているかのチェックなどもある。日韓がそれぞれにやって、発表し、取り上げるべき事項を洗い出し、構成を組み立て、執筆作業に入るわけです。歴史だけでなくて公民とか、韓国では「国民倫理」っていうのかな、それらも検証していきます。

――韓国と日本とで、それぞれに別の教材ができあがるんですか。

鈴木　できれば一緒のものをつくりたいと、わたくし個人は思っていますが、まだわかりません。日本語と韓国語の言葉の壁もあります。本当に共同作業です。だからむずかしいですよね、用語の問題とかもあって。同じ用語で意味が違ったりとかありますから。

――では、情報集約とか窓口になるところも必要になりますね。

鈴木　韓国側の窓口は、挺対協の常任代表でセンター所長の金允玉さん。日本側はわたくしがなっています。

――いわゆる「つくる会」教科書問題のとき、「じゃぁ、他の教科書はいいのか」というような総括が私たちのまわりでも出ていました。また、検定制度自体の問題性も指摘されています。そういう意味では、いま構想されている教材づくりというのは、そういったこれまでの教科書問題にたいする、批判を込めた一つの新たな運動でもある、とも言えるわけですね。

鈴木　気持ちとしてはそうです。それをどこまで実体化できるかですね。

――それで、読者層はどのへんを想定されているんですか。

鈴木　一応、高校生を対象にするということにはなっているんですけど、べつに特定しているわけではなく、広く市民に向けたものにしたいんです。

――それでは私もそのなかに含まれる、と。

鈴木　そうそう（笑）。でも、日韓の女性の視点に立った歴史教材なんて、いままでないわけでしょ。

そういうことって、普通の学会でも出てこないんですよ。たとえば、戦前の在朝日本人女性が朝鮮植民地支配とどういう関わりを持っていたかとか、そういうことは学会でも一般的な共通認識とはなってないと思います。在日の歴史にしても、在日朝鮮女性の歴史がどうだったかということは一般化されてないでしょ。在日朝鮮人史をやっている研究者たちだって、そのへんは深くは研究していないように思います。まず、存在そのものに気がつかないということがあるのですよ。でも、現実に生きていたわけでしょ。在日のおばあさんや母親世代というのは、まさに在日朝鮮女性としての二重、三重の縛りを強いられた生活があったわけですよ。でもそのなかで生き抜いてきたという歴史があるわけでしょ。そういうのをちゃんと入れていきましょう、と。

――それはぜひ読みたいです。でも、協力者を集めるところから大変な作業ですね。

鈴木　本当にそうなんですね。まずね、そういう視点を持った研究者そのものが少ないんですね。でもわたくしは、研究者と市民という垣根をとっぱらいたいと夢想するのです。これは研究者だからできるというもんじゃない。出発点はここ（女性と民衆の視点、立場に立つこと）からなんです。やっぱりね、こちらからオルタナティブなものを積極的に出していかなきゃダメなんですよ。

――私はオルタナティブというとなんだか尻込みすることが多いんですけど、今回のお話は、他の誰でもなくて、近代女性史をやってこられ、「慰安婦」問題に関わってこられた鈴木さんだから、その鈴木さんがこれまでの延長線上でやろうとされているから、私はとても素敵だなあと、本当に思ってるんです。

鈴木　ありがとう。でもね、韓国側に一緒にやる人がいるからできるのであって、いなければできないですものね。だから、この十一年間は無駄ではなかったんですよ。そういう共同でやれる韓国の女性たちと出会えたという経験は大きい。教科書チェックなど、いろんな人に関わって欲しいですね。

来年（二〇〇二年）六月に私たちの学会（「『女性・戦争・人権』学会）が第六回大会を大阪でやります。その時、韓国からお呼びしてパネル・ディスカッション（フェミニズムとコロニアリズム）をやります。これからの課題として通訳とか用語の問題は大きくありますね。あと、資料の問題とかね。いろいろと大変な問題が待ち構えているわけですが、多くの人に協力をお願いしたいと思います。

——私個人の力は及びそうにありませんけど、どこかで繋がっていたいと思います。今日は、ありがとうございました。これからの鈴木さんのお仕事を楽しみにしています。

（二〇〇一年十二月二十七日・新宿にて）

［初出・『季刊運動〈経験〉』第四号・二〇〇二年二月十五日］

第二章

「慰安婦」問題と天皇制

日本軍性奴隷制問題と天皇の戦争責任

はじめに

一九九九年は、一連の反動立法が成立し、権力による思想攻勢が強まった年として記憶されよう。わたくしたちは、いま、思想的には「戦時下」の時代に立たされていることを自覚すべきではないだろうか。

権力の当面の標的は「教育」であろう。「教育改革」の美名のもとに、権力や資本に忠誠を尽くす「国民」づくりがめざされている。数年前では一部のウルトラ・ナショナリストだけが声高に叫んでいたことが、次々と現実化している。天皇や「教育勅語」への回帰が戦後世代の政治家や学者の口からぽんぽんと飛び出す時代となった。

「国民統合」の装置として天皇制は、権力にとっていまもなお十分に有効性を保っている。最近の森喜朗首相の「神の国」発言[*1]に示されるように、「天皇神話」がまたぞろ登場しそうな不気味さである。このままでは、現代版『国体の本義』(文部省教学局、一九三七年五月)や『臣民の道』(同、一九四一年七月）が「国民」に向かって説かれる日も遠くないような気がほんとうにする。

ここ十年ほど、わたくしは一女性史研究者として日本軍性奴隷制問題にかかわった。いま、ここで十年間を振り返ってみる紙幅はない（本書第三章参照）。女性史研究者や女性学研究者がどちらの立場に立ってどれだけこの問題解決に寄与、貢献できたのか（できなかったのか）を中間総括する必要もあるかと思うが、同じく紙幅の関係でここでは論じられない。

女性史研究者として率直に思うことを、まず述べたい。戦後日本の女性史研究は、近現代日本女性史をほぼ「被害者」一色で描き出してきた。そこにはまぎれもなく女性を平和の女神＝被害者と捉える図式がある。フェミニズムの戦争加担や翼賛協力の事実はまったくといっていいほど不問に付されてきた。

第二にそれに関連して「一国史」的視点である。近現代日本女性史は、かつての植民地、朝鮮・台湾・「満州」等や、占領地への視点やアプローチを欠いては成り立たないはずなのに「一国史」的に閉じられてきた。自民族中心主義の枠にいわゆる「進歩」派女性史家を含めてはまってきたというほかない。

第三に女性をア・プリオリに「平和の女神」、聖なる「母性」と把握してきた女性史研究者の枠組みは、「母性」の対極に「娼婦」を対置させてきた。廃娼運動の記述の仕方に典型的に示されているように「娼婦」が歴史主体として登場することはまずなかった。

第四は、天皇・天皇制研究の弱さ（ないし欠落）が指摘される。フェミニストとして著名な平塚らいてうや市川房枝らが、なぜ翼賛思想・体制にコミットしていったのか、彼女らの天皇制観はいかなるものであったのか、といったことがらにたいし、ようやく論究が始まったのは一九八〇年代である。

天皇・天皇制こそは戦後日本人の歴史観を根底的に歪めたといえる。大日本帝国憲法下の「神権天皇制」から日本国憲法下の「象徴天皇制」へと「変容」するなかで、天皇制は生き延びた。「象徴天皇制」は、「国体護持」をもくろむ日本支配層と、円滑な対日占領を図るアメリカ占領軍との政治的合作であった。昭和天皇が裁きの対象とならなかったのは、彼に法的責任が認められなかったからではない。大権保持者として、また大元帥として彼以上に、当時、責任を有していたものがいただろうか。暴威を振るったあの東条英機でさえ、昭和天皇にたいしてはきわめて忠実な「臣下」であった。

天皇の「免責工作」がきわめて巧妙になされたことは、今日では多くの記録・研究書類が明らかにしているところだが[*2]、しかし、敗戦直後にマス・メディアを取り込んで捏造された「終戦」の「聖断神話」がいまもなお再生産され、流通しつづけていることも事実である。天皇制の存在と免責が、戦後日本の歴史認識・歴史像を根底から歪め、わたくしたちの主体的な責任意識形成を妨げている。いいかえれば、天皇制こそ「歴史修正主義」の最たるものといえる。

男権家父長制国家の頂点に立つ天皇とそのシステム（天皇制）の解明は、女性史研究にとって決定的に重要な鍵である。事実にそくし、天皇・天皇制が果たした女性抑圧と女性支配の歴史を抉り出すとともに、天皇翼賛にからめとられていった日本フェミニズムの「負の遺産」を検証するといった作業が女性史研究のなかできちんとなされているだろうか。答は否といわざるを得ない。

右のような戦後女性史研究の枠組みは、実は、戦後日本の女性運動の性格に規定されているものだ。「被害者」意識、「一国史」的視点、女性＝平和の女神とする本質主義、そして天皇・天皇制問題への視点の欠落は、実は戦後女性運動の特徴にほかならない。

この枠組み転換を迫ろうとしたのが日本軍性奴隷制問題であった。韓国挺身隊問題対策協議会（以下、挺対協）の結成（一九九〇年）と挺対協を中心とした「女性の人権化」・国際化努力（九三年の世界人権会議のウィーン宣言、九六年のクマラスワミ報告、九八年のゲイ・マクドゥーガル報告などに結実する）、そして挺対協などの支援団体の存在と活動が支えとなって韓国のみならずアジア各国から被害者が次々と名乗り出るにいたったこと、これらの「出来事」が、わたくしたち日本女性の「被害者」から「加害者」への認識転換を促すかにみえた。「被害者」から「加害者」への転換は、わたくしたちに痛切な戦争責任・戦後責任への自覚を呼び起こさざるを得ないものだ。また責任への自覚は、当然のことながら戦争の最高責任者・昭和天皇や天皇制国家の戦争犯罪、戦争・戦後責任を問題とせざるを得ないものだ。

わたくしたちの責任意識形成の前に立ちはだかったのが「国民基金」（女性のためのアジア平和国民基金。略称を「アジア女性基金」ともいう。一九九五年七月発足）であったのは記憶に新しい。「国民基金」は、第一に本来、女性の人権問題であるべき日本軍性奴隷制問題を、金銭的問題へと歪曲したこと、第二に被害当事者の意向を無視したばかりでなく、その間に分断の楔を打ち込もうとしたこと、第三に天皇制国家の起こした戦争犯罪の事実と本質を隠蔽したことなど、その犯罪性は明らかである。[*3]

「国民基金」と踵を接するかのように登場してきたのがウルトラ・ナショナリストの「原理主義的歴史修正主義」派である。彼らは、被害者の声に耳を傾け、応答しようとする人びとにたいし、「自虐史観」とか「自己悪逆史観」とか口汚く罵る。「国民基金」派と「原理主義的歴史修正主義」派を結ぶ共通の糸は、国家や天皇の戦争責任を認めない点である。他方、「一国史観」をこえて、自国の近現代女性史のなかの戦争協力・翼賛加担の事実の洗い直しをはじめたものにたいし、「告発史観」「反省的女性史」のレッテル貼りで事をすましたり、冷笑する、自称フェミニスト研究者もおり、混沌としている。

一　日本軍性奴隷制と公娼制・家制度

日本軍性奴隷制問題への基本的視座について確認しておきたい。日本軍性奴隷制は、女性を性的道具視する国家公認の買売春制度・装置である近代公娼制度抜きには考えられない。近代天皇制国家の最たるジェンダー政策・装置は、いうまでもなく家制度である。この家制度と公娼制は、メダルの表と裏の関係にある。この二つの装置のもとに女性の性は二分化される。家制度下の女性は「母性」として「家父長」への従属・統制のもとに管理され、片や公娼制下の女性は男たちの性の快楽・統制のために国家管理された。彼女たちは性奴隷として徹底的に貶められた。

次に日本軍性奴隷制問題が、戦後の日本社会において、また女性運動のなかにおいてさえ、長らく国家による性暴力の極致と認識されてこなかったのはなぜであろうか、という点について述べたい。

それは「売春」問題が、女性の性的搾取・性暴力問題として把握されてこなかったことと通底する。公娼制度廃止をめざして戦後、再出発した廃娼運動は、「売春禁止法」(のち防止法)制定運動として具体化されたが、そこには、戦前以来の廃娼運動が引きずっていた「売春婦」観が払拭されることなく生き続けていた。「売春婦」イコール「汚れた」女たちとみる賎視・蔑視感である。そこには同じ性をもつ女としての痛みもなければ連帯心もなかった。近代日本のラジカル・フェミニストといわれる平塚らいてうにして、「売春婦」たちにたいして投げかける言葉は左にみられるようにあまりに冷酷というほかない。

「売春婦は、性病の病原体として、ふれるものすべてに病毒をまきちらし、個人に、家庭に、社会に、民族に、大きな不幸と損害をあたえる」[*4]と。

らいてうのこの言葉のなかに「売春婦」への賎視・蔑視感がにじみ出ている。らいてうのみならず、廃娼運動家や女性運動家たちの多くが、「純潔」思想、いいかえれば「貞操」思想に深くとらわれていた。彼女たちにとって「売春婦」は、善良な社会風俗を紊《みだ》し、民族を堕落させ、「貞操」観念の稀薄な不心得な女たちと意識されていた。それゆえ「売春婦」は官憲の取締り対象とされ、その身を拘束され、その「不心得」を直され、「保護更生」すべき対象とされたのである(一九五六年公布の「売春防止法」は、その法的表現である)。

「貞操」とは本来、男権家父長制社会の女性抑圧イデオロギーだが、その「貞操」神話に女性運動家たちも取り込まれ、内面化させられ、そのあげく同性を性搾取・性暴力の被害者としてではなく、社会の敵、「一般婦女子」の敵とさえ見なしたのである。

戦後日本社会における「売春」問題認識や廃娼運動が右のようであったればこそ、いわゆる「従軍慰安婦」問題が戦時性暴力の極致で、女性の人権にかかわる根幹的問題だと認識されなかったのも当然といえば当然の成りゆきだったのではあるまいか。

わたくしは九〇年代初め「慰安婦」問題が社会問題として争点化する当初から、「慰安婦」制度の根底には、公娼制度の存在が大きいことをつとめて指摘してきた。公娼制度とは、国家公認の買売春統制であり、女性への性的搾取・性暴力を合法化するシステムであった。ところが九〇年代半ば頃から、「自由主義史観研究会」とか「新しい歴史教科書をつくる会」とかに拠るウルトラ・ナショナリストの人びとは「慰安婦」イコール公娼だとして、公娼制の右に述べたような「合法性」のゆえをもって、「慰安婦」制度の免責を図ろうとした。女性にとって極め付きの悪制度である公娼制の存在が「慰安婦」制度免責の理由にされるとは、まったく逆立ちした論理である。

公娼制度と「慰安婦」制度の関わりを重視するわたくしを、上野千鶴子氏はウルトラ・ナショナリストの人びとと同列に批判する。この点に関する上野氏のわたくしへの批判は次のようなものである。「公娼制があった時代だからこそ『軍隊慰安婦』が成立したという点で左右ともに一致した枠組みを共有している」「『今日の人権論』の水準から戦前公娼制度もまた『断罪』される。軍隊『慰安婦』は、公娼よりも劣悪な奴隷労働であるとする点で、鈴木は国籍を超えた『女性に対する人権侵害』と被害者の連続性をうちたてるが、その背後にあるのは『人権』という超歴史的な価値である」と。[*5]

女性の性的人権侵害の視点から「断罪」し、批判することがなぜ問題なのか。上野氏はまさか公娼制度や「買春」は女性にたいする性暴力でもなく、人権侵害でもないというのだろうか。

いうまでもないことだが、日本のウルトラ・ナショナリストたちは、徹頭徹尾、男権主義思想でこり固まっている人びとである。平気で「戦争にはレイプはつきもの」とか「若い兵士たちに適当な性の捌け口」は必要と言って何ら恥じることのない人びとである。その人びとが使う手口が公娼制度を楯にした「慰安婦」イコール公娼論なのである。なお、わたくしは「公娼制があった時代だからこそ軍隊『慰安婦』が成立した」とか「軍隊『慰安婦』は公娼よりも劣悪な奴隷労働である」とかとは一度たりともいったことはない。公娼制度という女性を遊具視し、性奴隷化するシステムの国家公認（公許）こそが、かくもすみやかに天皇の軍隊に「慰安婦」制度をつくらせ、導入させた、といってきたのである。いいかえれば、日本国内や植民地における女性の性的隷属状態こそが、「慰安婦」制度の導入と展開を容易にさせてきたことを繰り返し述べてきたのである。公娼制度をめぐるウルトラ・ナショナリストとわたくしとは、このように一八〇度の違いがあるのに、上野氏はなぜ、「左右ともに一致した枠組みを共有している」とあたかも両者の認識が共通しているかのごとくいい、意図的に論点をずらすのだろうか。

二　過去だけでなく、今日の天皇制も裁かれねばならない

わたくしたちの認識を根本的に転換させたのは、一に戦時性暴力のサバイバー、被害者である元「慰安婦」の女性たちの「告発」行動による。わたくしたちは、彼女たちの語り出された言葉から、その傷が強姦のそれにほかならないことを知った。

そもそも「強姦」被害者は、長い間、性暴力・性犯罪被害者としての扱いを受けてこなかった。わたくしたちが「性暴力」という言葉と認識を獲得したのはようやく一九八〇年代に入ってからである。被害者であるにもかかわらず、その被害を公に語れぬどころか、肉体的にも精神的にも深い「傷」をかかえて一人悶々と鬱屈した生を生きねばならなかった。直接的な性暴力行為に加えて、社会的抑圧観念の「貞操」思想が彼女たちをさらに苦しめた。

まったく同様のことが、日本軍の性奴隷とされた、いわゆる元「慰安婦」たちの場合にもあてはまる。元「慰安婦」の少なからぬ女性たちが、日本敗戦で解放されたにもかかわらず、帰国途中で自ら命を絶ったり、故郷の土を二度と踏むことができなかったりした事例は、そのことを物語ってあまりある。

彼女たちは、自らがこうむった被害を自己の「罪」や恥ずべきことがらとして思い込み、「秘密」として胸にしまい込んだ。しかし、心身に受けた痛みは、容易に消え失せるものではなく、彼女た

ちは、実に半世紀以上の長きにわたって、このトラウマ（心的外傷）とスティグマ（社会的制裁・烙印）に苦しめ続けられてきたのである。

韓国で最初に名乗り出た金学順《キムハクスン》さん（一九九七年十二月死去）、「国民基金」からの「償い金」という名の「慰労金」受け取りをもっとも強固に拒否し続け、死の床でも「責任者処罰」を説いてやまなかった姜徳景《カンドッキョン》さん（一九九七年二月死去）にせよ、躊躇に躊躇を重ねたあげく、ようやく名乗り出たのは、右のような事情によるものだ。逡巡したのは金学順さんや姜徳景さんにとどまらない。名乗り出たすべてのサバイバーたちが、苦悶しつつ、内的葛藤を繰り返しつつ、「告発」に踏み切った。しかし、告発後も、他人に知られることを怖れ、心がたじろいだり、第三者の心にもない一言で傷ついたりしたことを、多くのサバイバーたちは語っている。[*6]

日本軍性奴隷制が、天皇制国家、天皇制軍隊による性暴力・性犯罪であったことを、とりわけ長年にわたって植民地支配された韓国の被害者は実感的に体得している。さればこそ彼女たちは、天皇の戦争責任を鋭く追及し続けるのである。天皇にたいする裁きを強く要求するのである。

敗戦後、日本は神権天皇制から象徴天皇制へと代わったから、といった「弁明」は被害者にとっては詐術・虚言にほかならない。戦前・戦中、あれほど侵略と抑圧と植民地支配のシンボルであった「日の丸・君が代」を廃棄せしめず、ついには「国旗・国歌」として法制化せしめたあげく、いままた天皇を神とし国の中心と発言してはばからない人物を「一国の宰相」に据えている天皇制国家ニッポンのイメージは、彼女たちの眼に焼きついているだろう。過去の天皇制ばかりでなく、今日の天皇制もひとしく問われ、裁かれなければならないのである。

三　「国体」（天皇中心）思想とエスノセントリズム

植民地朝鮮や台湾において日本は徹底的な「皇民化」政策を展開した。「皇民化」政策とは、一言で言えば、「天皇の民」への同化政策である。朝鮮人の側にそくしていえば、「一視同仁」の「大御心」のもと「内鮮融和」や「内鮮一体」が押しつけられ、民族的アイデンティティが一方的に蹂躙されたことである。

「一視同仁」といい、「大御心」といい、これらは「国体」思想の基本用語である。「国体」思想が、近代天皇制国家において、「臣民」をいかに呪縛し、畏怖させる機能を果たしたかは多くを語るまでもないだろう。[*7]

一九三五年の「国体明徴」運動のあと、文部省教学局は、二冊の冊子を刊行し、全国の学校・官庁等に配布し、「国体」観念の徹底化を図った。まず、一九三七年五月、『国体の本義』が刊行され、ついで四一年七月、『臣民の道』が発刊された。いずれも日中全面戦争、アジア太平洋戦争を目前に控えて刊行されたところにその狙いがはっきりしている。

『国体の本義』は、「第一　大日本国体」「第二　国史に於ける国体の顕現」の二章から、『臣民の道』は、「第一章　世界新秩序の建設」「第二章　国体と臣民の道」「第三章　臣民の道の実践」の三章からなっている。右の目次から容易に察せられるように、『臣民の道』が第一章で、日中戦争後の

「東亜新秩序」や「大東亜共栄圏」建設の正当化を論じつつ、欧米諸列強の植民地支配や中国の「抗日」「反日」のいちいちを取り上げ、あげつらっているのを除けば、基本的思想はまったく同じで、それはエスノセントリズム（自文化中心主義、自民族中心主義）以外の何ものでもない。いま、こころみに『国体の本義』から引用する。

大日本帝国は、万世一系の天皇皇祖の神勅を奉じて永遠にこれを統治し給ふ。これ、我が万古不易の国体である。而してこの大義に基づき、一大家族国家として億兆一心聖旨を奉体して、克く忠孝の美徳を発揮する。（九ページ）

皇位は、万世一系の天皇の御位であり、たゞ一すぢの天ツ日嗣である。皇位は、皇祖の神裔にましまし、皇祖皇宗の肇め給うた国を承け継ぎ、これを安国《やすくに》と平らけくしろしめすことを大御業とさせ給ふ「すめらぎ」の御位であり、皇祖と御一体となってその大御心を今に顕し、国を栄えしめ民を慈しみ給ふ天皇の御地位である。（一七ページ）

天皇は祭祀によって、皇祖皇宗と御一体とならせ給ひ、皇祖皇宗の御精神に応へさせられ、そのしろしめされた蒼生を弥〻撫育し栄えしめ給はんとせられる。……故に神を祭り給ふことと政をみそなはせ給ふこととは、その根本に於て一致する。（二六ページ）

近くは日清・日露の戦役も、韓国の併合も、又満州国の建国に力を尽くさせられたのも、皆これ、上は乾霊授国の御徳に応へ、下は国土の安寧と愛民の大業をすゝめ、四海に御稜威を輝かし給はんとの大御心の現れに

外ならぬ。（二八ページ）

我が国は、天照大神の御子孫であらせられる天皇を中心として成り立つてをり、我等の祖先及び我等は、その生命と活動の源を常に天皇に仰ぎ奉るのである。それ故に天皇に奉仕し、天皇の大御心を奉体することは、我等の歴史的生命を今に生かす所以であり、こゝに国民のすべての道徳の根源がある。（三四ページ）

天皇と臣民との関係は、義は君臣にして情は父子である。……我が君臣の関係は、決して君主と人民と相対立する如き浅き平面的関係ではなく、この対立を絶した根本より発し、その根本を失はないところの没我帰一の関係である。（三六ページ）

敬神崇祖と忠の道との完全な一致は、又それらのものと愛国とが一となる所以である。抑〻我が国は皇室を宗家とし奉り、天皇を古今に亙る中心と仰ぐ君民一体の一大家族国家である。（三八ページ）

〔我が国民の家生活の〕根幹となるものは、親子の立体的関係である。この親子の関係を本として近親相倚り相扶けて一団となり、我が国体に則とつて家長の下に渾然融合したものが、即ち我が国の家である。（四三ページ）

我が国の孝は、人倫自然の関係を更に高めて、よく国体に合致するところに真の特色が存する。……臣民は祖先に対する敬慕の情を以て、宗家たる皇室を崇敬し奉り、天皇は臣民を赤子として愛しみ給ふのである。（四六〜四七ページ）

捏造された「肇国神話」をもとにして、祭政（政教）一致、天皇の神聖化が飾り立てられ「擬制親子」としての「君臣一体」化がうたわれる。臣民は「没我」の心で天皇に絶対帰順し、身も心も命も献ずることが、道徳の本源であると説かれる。これが「公教育」という名でおこなわれた「天皇教」という国家宗教でなくて何であろう。

天皇を神話に由来する「伝統カリスマ」とし、近代日本国家が対外危機に際し、国家の脆弱性を補強すべく、伝統カリスマ性を継承する天皇の「神聖」性を強調することで国民統合を図った、とする説はもとより誤りではなかろう。[*8] だが、わたくしたちは、天皇の名のもとに侵略戦争と植民地支配が正当化され、「天皇教」に呪縛された天皇の軍隊がアジアの多くの人びとを塗炭の苦しみへと陥れ、残虐な加害の数々の行為をも加えた事実を直視しなければならないだろう。

日本軍の性奴隷とされた植民地下の朝鮮女性らは、天皇の「赤子」たる「皇軍将兵」への「贈り物」と称され、「衛生的な共同便所」扱いされた。[*9] たとえ、昭和天皇その人が直接、性奴隷制に関与していなくとも、「国体」思想の中軸に位置し、国家そのものを一身に体現し陸海軍の最高責任者（大元帥）でもあった彼には、十分な責任がある。

四　天皇の軍隊——強姦・虐殺・略奪の三位一体

日本軍性奴隷制（いわゆる「従軍慰安婦」制度）とは、今日ではいま一歩進めて、天皇の軍隊（皇軍）による戦場における強姦の常態化、制度化と定義づけても差しつかえないと思われる。実際、中国や東南アジアの戦場や占領地において日本軍がおこなったすさまじい強姦行為と「慰安婦」制度とは強い連続性と連関性がある。

まず「掃討」（「粛正」とも「討伐」ともいう）作戦なるもので、現地女性を捕捉・強姦する。強姦した女性のなかから選び出して軍の駐屯施設や洞窟などに連行、監禁状態におき、抵抗できないようにして継続的ないし断続的に強姦を重ねていくというパターンが最近の研究で明らかになりつつある。強姦は、軍の作戦計画に最初から織り込みずみの場合もあった（もちろん、「強姦すべし」と直接指示する軍文書があるわけではない）。いいかえれば、強姦の連続化が「慰安婦」だったとみなすこともできる。戦場強姦も、連続的強姦ともいうべき「慰安婦」も、ともに強姦であったとみるべきではないだろうか。以下、フィリピンの場合を例にして述べる。

一九四一年十二月八日、日本はパールハーバー（真珠湾）を奇襲攻撃し、英・米・蘭にたいし宣戦布告、フィリピンもアメリカの植民地としてただちに日本軍の爆撃下にさらされた。日本軍はまたたく間に、フィリピン各地を占領して翌四二年一月二日には首都のマニラを占領した。

マニラを占領した直後の一九四二年一月二十日付、「大日本軍司令官」（フィリピンを占領したのは第一四軍――防諜通称で「渡集団」といい、その司令官をさす）の名で出された告示「掠奪被害者ノ届出ニ関スル件」は、日本軍が侵略・占領する過程で、将兵による掠奪行為がいかに頻発したかということを裏づけている（渡集団軍政部『軍政公報』第一号、一九四二年三月二十一日号掲載）。

中国人が大変恐れ、名づけたという、日本軍の燼滅作戦、すなわち「三光作戦」がフィリピンでも同様におこなわれたということがいえる。これに「女を犯す」（強姦）が加わると、「四光作戦」

となる。特に日本軍の敗色が濃くなった一九四四年以降になると、さらにすさまじさをました。[*10]

　ここでフィリピンにおける日本軍政の特徴について簡単に触れておきたい。日本軍政の主要な目的は、他の東南アジア諸地域同様、資源の確保にあった。そのためには、住民「宣撫」と「親日派」官僚・グループの育成が緊急課題であった。ところが日本軍は、前述したように中国においてと同様、フィリピンでも抵抗者を殺しつくし、家を焼きつくし、物を奪いつくすの「三光作戦」に加え、女性を強姦しまくったので、住民から猛烈な反感・反発を買った。[*11]「『ビサヤ』地方憲兵服務指示」（一九四二年十一月十五日、防衛庁防衛研究所図書館所蔵。以下、この節での引用は、同館所蔵のものである）にみられるように、わざわざ比島憲兵隊長（長浜彰憲兵大佐のこと。長浜は敗戦後、死刑判決を受けた）が、（1）殺より利用、（2）無茶な放火は止むべし、（3）強姦は絶対不可、（4）略奪〔禁止〕、（5）殴打は厳禁、（6）侮辱的行為の廃止、を大声で叫ばざるを得ないほど日本軍政の内実は残虐、苛酷であった。その建前とはうらはらにまさに「大東亜共栄圏」なるものは虚像であったことがこのことからも読みとれる。

　日本軍政の特徴の第二は、住民に対する「愚民」観と「宣撫・教化」策であった。軍文書には「土民」や「土匪」という言葉がひんぱんに出てくる。「宣撫」に関しては、たとえばこんな記述がある。「……一回ノ宣撫施療ニ依リ皇軍ノ恩威ヲ土民ニ認識セシメ……」（『歩兵第九連隊戦闘業務詳報』一九四三年一月一日〜六月三十日、なお傍点は引用者）というように。

　このようにさかんに「皇軍ノ恩威」が強調されているが、実際、フィリピンに駐屯していた日本軍がやっていたことといえば、ほとんどゲリラ「討伐」に名を借りた住民「掃蕩」であったのではないだろうか。防衛庁防衛研究所図書館にのこされている旧日本軍文書には、そのことを赤裸々にうかがわせる資料がたくさんある。

守備隊とか警備隊、憲兵隊などが抗日ゲリラ狩りに名を借りて、住民への虐待・虐殺・暴行をおこなったのだが、これを日本軍は、討伐とか掃蕩・粛正と称したのである。一九四二年十月から翌年の十一月までの『左警備隊・警備会報・会報綴』というファイルのなかに次のような記載がある。「一軍紀、風紀、内務及教育ニツキテ　1、各隊ノ軍紀、風紀ハ概ネ良好ナルモ現在ノ状況ニ鑑ミ更ニ緊縮スルヲ要ス」。実際は、軍紀風紀は全然良好ではなかったからこそ、繰り返し軍紀、風紀の緊縮が叫ばれたのである。さきの記述に続き「慰安等ハ後ニシ先ズ討伐ヲ実施スベシ」という文言がある。「慰安等ハ」というのはもちろん慰安所行きのことである。右のごとく「討伐」と「慰安」とが連動するものであったことがうかがわれる。

ところで『歩兵第二一〇連隊第一大隊戦闘詳報』（一九四三年一月一日～六月二十日）には、「討伐」についてこう述べているくだりがある。「大洋ノ如キ寛容ト骨肉ノ慈愛ヲ以テ警備討伐ヲ実施スルコト必要ナリ」。またさきの左警備隊の警備会報・会報綴のなかにファイルされていた「警備会報」中（一九四二年六月十四日の項）には「粛正ハ徹底セシムルヲ要ス　匪賊ヲ駆逐セバ民心ヲ把握強化シ敵匪ヲ潜入セシメズ講演戸籍調査等ヲ徹底シテ実施スルヲ要ス」「投降者ニシテ再ビ匪団ニ加入セル者ハ容赦スベキニアラズ収容所ニ送付或ハ人眼ニ触レザル所デ殺スヲ可トス」とある。

「粛正」とか「討伐」の意味は、以上で明らかであろう。「大洋ノ如キ寛容ト骨肉ノ慈愛ヲ以テ…」で思いおこさせるのが前掲『国体の本義』の「武の精神」の一節である。すなわち「武は決して武そのもののためではなく、和のための武であつて、所謂神武である。我が武の精神は、殺人を目的とせずして活人を眼目としてゐる。〔その武は〕根柢に和をもち生成発展を約束した葛藤であつて、その葛藤を通じてものを生かすのである。……戦争は、この意味に於て、決して他を破壊し、圧倒し、征服するためのものではなく、道に則とつて創造の働をなし、大和即ち平和を現ぜんがためのものでなければならぬ[*12]」という。天皇の軍隊による「粛正」や「討伐」は、「和のための武の精神」のしからしめることとして、正当化されるのである。

討伐とか掃蕩とかいう名で、民衆にたいする「三光作戦」や「四光作戦」がおこなわれているさなか、その合い間を縫うかのごとく女性たちを守備隊や警備隊が軍の駐屯施設に連行し、強姦し、抵抗できない状態にしておいて継続的に強姦を重ねていく。このプロセスこそ、強姦被害者をまさに「慰安婦」にさせていくプロセスであった。

「討伐」「掃蕩」の合い間に「慰安」を繰り返す天皇の軍隊の将兵たちの姿が明瞭に浮かび上がる。ちなみに軍紀風紀の乱れは、軍人にとどまらず、在フィリピン日本人にも広く及んでいたようである[*13]。

一九四四年に入ると、戦局はさらに厳しさをます。米軍の反攻も始まる。徹底的な「討伐」を繰り返しながらもなお、不安感にとらわれているさまが第一四軍憲兵隊の「治安月報（一九四四年二月）」

からもうかがえよう。

「(六) 敵反抗激化ニ伴フ敗匪ノ執拗ナル『デマ』宣伝ニ眩惑セラレ住民ノ思想稍々動揺セシメアルノ観ナシトセス殊ニ政府〔フィリピン政府〕要人以下ノ曖昧態度、一般住民ノ生活問題ヨリ発スル米軍再来希求言動ハ注意ヲ要ス」とある。

この年八月六日には、米軍がダバオを初めて空襲し、九月にはマニラが初空襲に見舞われた。日本軍の緊張はいっそうました。このころマスバテ州デマサランというところでフィリピン人警察隊の反乱があった。『「マスバテ州」「デマサラン」ニ於ケル警察隊反乱詳報』(一九四四年八月二十四日、防衛庁防衛研究所図書館所蔵)はこの事件の記録だが、このなかに事件を総括した「教訓」ともいうべき事項が列挙されている。その第五項が「警戒心ヲ旺盛ナラシムルヲ要す」で、次のように記されている。

「比人ハ総テ敵人ナリ比島我友邦ニ非ズ敵国ナリ戦局ノ発展ニ従ヒテ一層此ノ感強シ内外ノ比人ニ対シ警戒ヲ怠ルベカラズ。本事件モ警備隊ハ地形ノ利ヲ占メ工事堅固ニシテ外敵ニ対シ万全ノ準備アリタルモ内部ニ敵ヲ有セリ　内部ニ在ル比人PC〔POLICE=警察隊をさすとおもわれる〕ハ掠奪ヲナス等不良ニシテ度々注意シ且其ノ盗品ヲ引揚ゲタルヲ以テ何等ノ報腹《ママ》ヲ予期スベキナルモ日本人ノ淡白ナル気分ヲ以テ彼等ヲ見警戒ヲ怠リタルタメ不覚ヲトリタリ」(傍点は引用者)と。

フィリピン占領当初からすでにみたように「大東亜共栄圏」などは描ける餅にすぎず、日本本位のフィリピン観やフィリピン人観がまかり通っていたものの、「比人ハ総テ敵人ナリ」にいたってはもう何をかいわんやである。それゆえインファンタ事件のようにゲリラには絶対なりっこない赤ん坊まで虐殺したのであろう。[*14]

一九四四年十二月、朝鮮羅南に駐屯していた第十九師団（虎兵団）の師団長尾崎義春（中将）は、突如フィリピンへの出動を命じられ、虎兵団はフィリピンに上陸した。このとき尾崎が部下の将兵たちに与えた五つの教訓がある。一つめが、女に手を出すな。二つめが、物をとるな。三つめが、家を焼くな、であった。尾崎が戦後したためた回想録から引用する。

予は比島に上陸直後在来日本軍老兵の不軍紀なる状態を目撃し、師団がボンドック（ルソン島北部中心都市）付近に転進し、軍の複廓陣地を構築する任務を受くるや、其地方在住の『イゴロット』族に対する心得として、左の五ケ条の訓示を与へ、将兵をして必ず之を守るべきを厳命し、若し之れに従はざるものあらば軍律に問うべきを以てせり。右訓示はがり刷の小型とし下士官以下は内ポケットに入らしめたり。

訓示

1、女に手を出すな。
2、物をとるな、必ず代金を払へ。
3、家を焼くな。
4、民衆の習慣を尊重せよ。
5、秘密を守れ。

終戦後マニラに於て戦争裁判が開かれ、所謂残虐行為が峻烈に裁かれしも、第十九師団（虎兵団）には一名の戦犯を出さゞりき。之れ比島に上陸後間もなく戦闘となり、将兵が土民により其姓名等を記憶せられざりしことも原因するも、虎兵団は現役兵なりしと、又右訓示を下せし事も若干は役立ちしことゝ信じあり。

予は比島作戦に於て前途有為の青年多数を失ひ、是等青年の父老に見える顔なきも、然し一名も不名誉（惨虐行為と名づけらるゝ）の戦犯を出さゞりし事は、聊か肩の重荷を下ろせし感あり。

（「尾崎義春中将回想録」一九五四年四月。防衛庁防衛研究所図書館所蔵。なお傍点は引用者）

フィリピンにおける日本軍の蛮行は、軍の最上層部を形成していた人でさえ認めざるを得ないほど、それは凄惨をきわめた。蛮行の合い間に「慰安」を求めるという行動様式こそ「天皇の軍隊」のメンタリティだったともいえる。

【註】

（1）去る五月十五日、森首相は、神道政治連盟国会議員懇談会の結成三十周年記念祝賀会で「神の国」発言をおこない、戦前・戦中回帰の姿勢を強く印象づけた。その部分を引いておく。「最近、村上（正邦参院議員）会長はじめとする努力で『昭和の日』を制定した。今の天皇ご在位十年のお祝いをしたり、先帝陛下（在位）六十年だとか、政府側が及び腰になるようなことをしっかり前面に出して、日本の国、まさに天皇を中心とする神の国であるぞということを、国民の皆さんにしっかりと承知していただくというその思いで我々が活動して三十年になる」（『朝日新聞』二〇〇〇年五月十五日付夕刊二面）。ちなみに森首相は、自民党幹事長時代から同会の顧問であり、昨年十一月挙行された、天皇在位十周年記念祝典の折り結成された「奉祝」国会議員連盟の会長であった。

（2）VAWW－NET Japan〔「戦争と女性への暴力」日本ネットワーク〕編『加害の精神構造と戦後責任』緑風出版、二〇〇〇年、所収の山田朗氏の論考「昭和天皇の戦争関与と〈戦争責任〉」などを参照されたい。

（3）「国民基金」について、より詳しくは鈴木裕子『戦争責任とジェンダー』未来社、一九九七年、を参照されたい。

（4）「民族の未来のために」『女性改造』一九四九年四月号、『平塚らいてう著作集7』大月書店、一九八四年、六一ページ。なお、詳しくは拙著『フェミニズムと朝鮮』（明石書店、一九九四年）所収の「戦後における平塚らいてうの平和思想と『母性』」を参照されたい。

（5）上野千鶴子「記憶の政治学」『インパクション』第一〇三号、一九九七年六月、一六一ページ。のち『ナショナリズムとジェンダー』青土社、所収。なお、傍点は引用者。

（6）たとえば、韓国挺身隊問題対策協議会・挺身隊研究会編、従軍慰安婦問題ウリヨソンネットワーク訳『証言――強制連行された朝鮮人軍慰安婦たち』（明石書店、一九九三年）、フィリピン「従軍慰安婦」補償請求裁判弁護団編『フィリピンの日本軍「慰安婦」』（明石書店、一九九五年）、韓国挺身隊問題対策協議会・挺身隊研究会編、山口明子訳『中国に連行された朝鮮人慰安婦』（三一書房、一九九六年）などを参照されたい。

（7）近代日本の国体思想については、鹿野政直『近代日本思想案内』（岩波文庫、一九九九年）に簡にして要を得た指摘がある（「6　国体論」）。なお、『国体の本義』については、源淳子「大日本帝国の侵略の論理

――『国体の本義』をめぐって」『女性・戦争・人権』創刊号、一九九八年、参照。

（8）安丸良夫・宮地正人編『宗教と国家』（日本近代思想大系5）岩波書店、一九八八年、参照。

（9）高崎隆治編・解説『軍医官の戦場報告意見集』（不二出版、一九九〇年）所収の「花柳病ノ積極的予防法」（陸軍軍医少尉・麻生徹男が一九三九年に執筆）の「二、娼婦」の項の「既往花柳病ノ烙印ヲオサレシ、アバズレ女ノ類ハ敢ヘテ一考ヲ与ヘタシ。此レ皇軍将兵ヘノ贈リ物トシテ、実ニ如何《ママ》ハシキ物ナレバナリ」（同書五八ページ）とか、同じく同書所収の山第三四七五部隊（沖縄に配備）「軍人倶楽部ニ関スル規定」（一九四四年十二月）中の「一般ニ営業婦ノ供《ママ》有観念ヲ徹底シ専有観念ヲ厳禁ス」（同書一二九ページ）の記述などが端的に示しているように、「慰安婦」なるものが天皇から「下賜」された「皇軍将兵への贈り物」であったこと、また、たとえ業者経営の軍慰安所であっても、軍が「衛生」面（なお、念のため断っておくと、上坂冬子氏らが唱えるごとく、軍医等による「慰安婦」の性病検査などは、もとより彼女らの「健康保持」を図ってのものではない）を含めて、すべてにわたって管理・統制のもとにおいていたといった認識が、相当広範に行き渡っていたことを物語っている。蛇足だが、元「慰安婦」被害者の記憶を否認する人びとは、「慰安婦」問題を「トイレの構造の歴史」程度で片付けようとする傾向が強いようである。「原理主義的歴史修正主義」派に仲間入りした坂本多加雄氏なども例外ではない（「歴史教科書はいかに書かれるべきか」新しい歴史教科書をつくる会編『新しい日本の歴史が始まる』幻冬社、一九九七年、所収、参照）。

（10）一九四四年十一月二十三日、パンパンガ州カンダバ村マパニケでおこった日本軍による集団虐殺・集団強姦事件は、その典型的事例である。近年に至り、マパニケ事件の被害女性が名乗りをあげ、被害の実態を語りはじめるに及び、ようやく事実が明らかになろうとしている。九七年二月に来日し、日本人の前ではじめて被害者として語ったマキシマ・レガラさんの証言を裏づける軍文書も出た（『戦車第二師団千葉隊作命綴』一九四四年十月二十二日～四五年一月十三日、など）。同作命綴中の「撃作命第四六号〔四四年十一月二十三日発令〕ニ基ク参謀長指示」の「二、討代《ママ》行動ノ準拠」の「5、婦女子ノ殺傷ハ努メテ避クルモ匪賊混淆セル場合ニ於テ一部ノ犠牲ハ止ムヲ得ス」の一節があり、無抵抗の女性たちにたいする暴行や強姦等が事実上、軍上層部によって許容されていたことがうかがえる。なおマキシマさんの証言は、集会報告書『日本軍の性暴力を問う新たな連帯の出発――マラヤ・ロラズとともに――』（マラヤ・ロラズと共に日本軍の性暴力を問う会発行、一九九七年）に収録されている。

（11）天皇の軍隊により、いかに残虐な行為がフィリピン民衆に加えられたかは、旧日本軍の文書そのものによっても容易に確認できる。現在、防衛庁防衛図書館に所蔵されている旧日本軍文書から拾い出してみよう。なお、左に示すものは、ごく一部である。

「性的問題の根絶（強姦ハ陣中ニテハ死刑）」（フィリピン駐屯中の『歩兵第九連隊第一中隊陣中日記』一九四二年七月十九日分）。

次に示すものは、日本軍の暴虐にたいするフィリピン側の反感・反発・抗議の声である。

「我々ノ婦女ヲ恥シメ又財産ヲ奪ヒ家屋ヲ焼却シタリ」（『執務参考綴（甲）昭和十七年イロイロ派遣憲兵隊』）

「現在ニ於テモ又過去ニ於テモ凡有経験セシ凄惨ナル事実ハ目ヲ覆フカ如キモノアリ〔中略〕如何ニ多クノ婦女カ強姦セラレシ事カ」（『来翰情報綴（特高）昭和十九年　自一月至七月　イロイロ憲兵分隊』）

「平和ナ耕作地帯ニ生活シイ《ママ》ル民衆ノ防害ヲ為スハ何者ナルヤ、『ゲリラ』ノ蠢動ニ非ス屢《ママ》々繰返サレル日本軍討伐ノ暴行ナリ。〔中略〕飢餓ニ苦シム住民ノ最后ノ一片ノ糧食マテ略奪シ、其ノ上残酷ナル暴行、無辜ナル住民ノ殺戮、無防備ナル婦人ヲ暴行ノ上裸体ニシタリ、生レテ間モナイ嬰児ヲ焔ノ中ニ放リ込ンタリ、各町村ニ於ケル有リト凡ユル行為ニ対シテ役人ノ或者サヘ日本兵ノ人道ヲ無視セル行為抗議ヲ申シ立テイルノテアル」（サルセド少佐〔フィリピン人〕が一九四四年四月十六日「親愛ナル知事へ」宛てて出した書簡の一節『昭和十九年度　イロイロ憲兵分隊書類綴』）。

（12）『国体の本義』五二ページ。

（13）一般邦人の軍慰安所利用が「風紀」を「紊乱」させ、軍紀をも紊すものとして、軍指導部は取締りを強めたようである（一九四三年一月二十九日付、渡集団参謀長名で出された「兵站施設ノ利用者取締ニ関スル通牒」〔防衛庁防衛研究所図書館所蔵〕はその一つである）。

（14）インファンタ事件については、川村悦郎『神軍の虐殺――占領下フィリピンで何が起きたのか』徳間書店、一九九一年、が詳しい。

【付記】

フィリピン関係の記述は、筆者もメンバーの一員である戦地性暴力調査会に多くを負っている。なお、本稿刊行後、同調査会編・刊にかかる『日本占領下フィリピンにおける日本軍性暴力史料集　一九四一～一九四五』（私家版、二〇〇〇年）が刊行された。また、わたくしの旧稿「日本占領下フィリピンにおける『戦地強姦』と『慰安婦』――主に旧日本軍文書にみる――」（『女性・戦争・人権』創刊号、三一書房、一九九八年、所収）もあわせて参照いただけたら幸いである。

［初出・VAWW―NET　Japan編、池田恵理子・大越愛子責任編集
『日本軍性奴隷制を裁く二〇〇〇年女性国際戦犯法廷の記録2　加害の精神構造と戦後責任』
緑風出版、二〇〇〇年］

天皇制国家の「擬制家族」イデオロギー

近代天皇制は性差別・階級差別・民族差別の根源

近代天皇制イデオロギー（いわゆる「国体思想」）は、近代天皇制国家がその胎内に孕んでいた性差別・階級差別・民族差別を隠蔽する装置として働き、「一君万民」幻想のもと、日本民族を優等民族として煽り立て、アジアの民族・民衆を侮蔑視し、膨張主義・侵略主義を正当化した。

天皇を機軸とする国民国家の創出に成功した維新官僚政府は、「明治維新」からわずか三十年たらずで、アジアの大国・清国（中国）との戦争に勝利（一八九五年下関条約締結）し、台湾を領有、台湾住民の抵抗闘争を徹底的に武力鎮圧し、アジアにおける唯一の帝国主義国家として立ち現れた。十年後、米国の後援を得て、強国・ロシアとのたたかいに辛勝（一九〇五年ポーツマス条約締結）し、欧米列強にたいし、韓国（当時の国号は大韓帝国）を日本の事実上の支配下におくことを承認させた（一九一〇年韓国併合条約を強制締結し、名実ともに植民地化した）。二度にわたる大戦争の勝利は、日本「国民」に「一等国」意識・大国意識を扶植した。半面、アジアへの蔑視意識はさらに拡大した。一例をあげると、中国人を蔑視して呼ぶ「チャンコロ」や「チャン坊主」等が日本民衆間に広範に行きわたったのは、その一つの表われである（いまだに、年輩者が時として右のような蔑称を口にするのは、刷り込まれた差別意識がいかに根強いものであるか、を物語っている）。

だが、実際は、これらの大戦争は、日本民衆に極度の犠牲を強いるものであった。とりわけ当時の日本の生産人口の大多数を占める農民層は疲弊し、地主小作制度下でさらに貧富の差が拡大した。窮乏した農民の多くは、子女や子弟を都会に労働者として送り出すことでかろうじて糊口をしのぐ有様であった。

なかでも凄惨をきわめたのが貧農小作農民の娘たちであった。まず、「出稼ぎ」の賃労働者として製糸・織物・紡績などの繊維産業に働く女性労働者（当時、「女工」と呼ばれ、賤視の眼でみられた）たちの存在があげられる。彼女たちは、「家」や親きょうだいのためなら、どんな苦労や辛いことにも堪え忍ぶのが日本の「家」制度の美しい習わし（これを当時、醇風美俗といった）だと幼いころから教え込まれた。その結果、低賃金（男子工員の半分以下）、劣悪な労働条件（長時間・深夜労働、粗末な食事、不衛生かつ監禁同様の寄宿舎生活……）にも我慢した。ここに「家」制度（家父長制）と資本制の結合がみられる。彼女たちを縛りつけていたのが「家」制度である。一八九八年に公布された、いわゆる「明治民法」は、女たちを「家」や「家父長」（父ないし夫）に支配・従属させる法律で、これによって、日本の家制度は確立をみた。

娘がある紡績会社に「女工」として就職するとき、会社との契約を結ぶのは、当の娘ではなく、その父親〈父亡きときは兄〉であった。契約が成立すると、前借り金が会社から父親に支払われたが、これはまるで「身の代金」みたいなものである。娘は、重い借金をそっくりその肩に背負って工場で厳しい労働生活を送るのだが、借金があるあいだは、転職はもとより、月一回ないし二回程度の休日の日でさえ自由な外出を許されなかった。どんなに搾取されても、文句も言えず、耐え続けるしかなかったのである。これを「労働奴隷」といわずして何というのだろうか。日本独特の「女工哀史」という言葉は、右のような状態を指していうのである。

「女工」にさえなれない女たちがたどる運命は、「遊女」〈娼妓〉への道である。「遊女」とはいうものの、決して女性が遊ぶのではない。彼女たちは男たちに性的快楽を強制的に提供させられる性奴隷であった。余儀なく「遊女」になる場合も、「家」制度下の醇風美俗がうたわれる。「家」のため、親のため、「身売り」が「美談」と語られることがしばしばあった。天皇制国家が官許・公認した近代公娼制度は、右のように「家」制度と密接に結びついている。

「女工」と「遊女」〈娼妓〉の存在を考えただけでも、近代日本の女たちは人間として生きる自由と権利を抑圧・蹂躙されてきたといえる。いいかえれば、近代天皇制国家は、家父長制と公娼制の二つの装置で女たちを支配してきたのである。性差別の根源が天皇制であることは明確だが、天皇制の犯罪性はそれにとどまらない。

貧富による階級差別、「貴賤」による階層・身分差別〈天皇制国家は、一八八四年、天皇家の藩屏として華族制度をつくり、華族を「貴種」とする一方、被差別部落を温存・再編成し、「賤民」制度を維持した〉の元凶も天皇制度に求められるが、限られたスペースでは論じられない。問題点の指摘にとどめたい。

「天皇陛下の御為」に死ねよ、とのマインドコントロール（教化）

昭和天皇裕仁（一九〇一〜八九年）の十五年戦争（日中戦争・アジア太平洋戦争）時代は、膨張・侵略主義がアジア大・世界大にまでふくれあがり、ついには「八紘一宇」を叫ぶまでにいたった。「八紘一宇」とは、「現身」の神である（「現人神」といった）天皇を中心として世界を支配する、ということである。いいかえれば、「明治」以来の「大国」主義と、それを裏返した他民族排斥主義（エスノセントリズム）が、裕仁の時代にきわまった。「国体明徴」（一九三五年、憲法学の権威、美濃部達吉の天皇機関説が帝国議会で問題となると、立憲政友会は軍部、右翼と呼応し、岡田啓介内閣打倒を図った。強硬論に押された岡田内閣は、美濃部の著書を発売禁止にするとともに、国体明徴声明を発表して天皇機関説を排撃、軍部と民間ファシズム運動はさらに勢いを得た）運動後、文部省教学局が編さん・刊行した二つの教本、『国体の本義』（一九三七年）、『臣民の道』（一九四一年）は、中国にたいする全面侵略戦争、対米英蘭開戦を直前に控えて、大人といわず子どもといわず、男といわず女といわず、日本「国民」を、現人神・天皇の戦争に身も心も献げさせるための、いわばバイブルであった。裕仁は、つとに一九二八年の即位礼のときの「勅語」（天皇の言葉をこう呼んだ）で、「臣民」（天皇の臣下の意で、当時、日本「国民」は、こう呼ばれた）にたいし、大よそ次のように述べた。「爾有衆、其レ心ヲ協ヘ力ヲ戮セ、私ヲ忘レ公ニ奉シ、以テ朕カ志ヲ弼成シ、朕ヲシテ祖宗作述ノ遺烈ヲ揚ゲ、以テ祖宗神霊ノ降鑒ニ対フルコトヲ得シメヨ（汝ら臣民よ、お前たちは心を一つにして力をあわせて、自分のことを忘れ、公けのために尽くし、朕（戦前、天皇は自分のことをこう称した）を助けて朕の志を成し遂げ、朕をして皇祖皇宗のおのこしになった立派な御事業を光り輝かしてその御霊の御めがねに答えることのできるよう仕えまつれ）[*1]と。

天照大神の子孫で現人神である天皇の御稜威（天皇の「尊厳な御威光」の意）によって大東亜共栄圏建設、八紘一宇の世界制覇のための戦争（これを「聖戦」と呼んだ）に、日本「国民」は心を一つにして絶対、随順（「天皇の大御心に随い奉る」の意）し、「忠義」の道に邁進することが、皇国「臣民の道」とされたのである。私を滅して、公、すなわち天皇に殉じる（「滅私奉公」）ことが、美徳とされ、天皇のために死ねよ、と高調されたのである。『国体の本義』はこういう。

「個に執し個を立てて全を失ふよりも、全を全うし全を生かすために個を殺さんとするのである。生死は根本に於て一であり、生死を超えて一如のまことが存する。生もこれにより、死も亦これによる[*2]」。

天皇は父、臣民は子とする擬制家族イデオロギー（「義ハ即チ君臣ニシテ情ハ猶ホ父子ノコトク」）と「君民一如」のイデオロギーは、日本臣民に対し、天皇への無限大の献身と犠牲を強要するものであった[*3]。さらに天皇への忠、奉公は代々の祖先からの遺風とされ、「忠孝は不二一本」と教えられる[*4]。「忠孝は不二一本」とは、「天皇に忠を尽し奉ることは、やがて親に孝行することになるのであって、忠も孝もつまるところ同じ」との意味である。

さらに日本の家は、天皇家を宗家と仰ぎ「一国一家」（国民全体が一つの家族となって、同じ精神をもち、同じ目的に向かって生活するとの意）の生活を営むとされ、[*5]また「我が国の家」は、「祖孫一体」「家長中心」のつながりと結合から成り、親子の関係を主軸とし家長を中心とするものという。[*6]それゆえ、結婚は、「家の存続発展の基礎」であり、妻は、その夫と結婚するのみならず、その「家に嫁する」のだという。[*7]「家長と家族、親と子、夫と妻、兄弟姉妹、各〻その分があり、整然たる秩序」が存在するとともに、亡き祖先も在るがごとくに祭られ、やがて生まれる子孫をも将来の家族として、「家の永遠性の中に想念」され、ここに「祖孫一体の実」があげられる、という。[*8]それゆえ、後顧の憂いなく安心して天皇のために死ねよ、というわけであった。

右のように『国体の本義』や『臣民の道』に表現化された天皇制という名の国家宗教は、擬制家族国家イデオロギーを撒き散らし、日本「国民」からあらゆる矛盾・差別を遮断させ、日本「国民」を天皇制家族国家主義、自民族中心主義（エスノセントリズム）に陥らせ、民族排外主義へと駆り立てた。

「現人神」天皇として、天皇制家族国家イデオロギーのもとで君臨し、神権天皇制の文字通り中枢に位置し、国務・統帥両面にわたる最高責任者であった昭和天皇が敗戦後、法的裁きから免れ、「象徴天皇」の地位を保全されたことは、日本の戦争犯罪・戦争責任問題を決定的に曖昧化させ、いまにつづく「不処罰の循環」の典型事例ともなった。

【註】

（1）「今上天皇陛下　即位礼当日紫宸殿の儀に於て下されし勅語」の一節を現代語訳した。詔勅精神振興会編・刊『詔勅精神振興叢書第一輯　詔勅抄』一九四三年、四三ページ。

（2）『国体の本義』一一〇〜一一一ページ。

（3）朝日新聞社版（解題久松潜一・志田延義、註解高須芳次郎）『臣民の道』七二ページ。さらにこれを敷衍《ふえん》して、『臣民の道』は次のようにいう。「かくて天皇は皇祖皇宗の御心のまにまに、親の子を慈しむにもまして国民を慈しみ給ひ、国民は天皇を大御親と仰ぎ奉つり、ひたすら随順のまことを致すのである」「命も金も名もいらぬ全く己を滅した人間でなくては、危きに臨んで国家を富嶽の安きに置き、御御心に応へ奉ることは出来ない。大義に生き、国家の事を以って憂へまた喜びとする我等臣民の本領は、平素より私心を去り、尽忠報国のまことに生きるところにある」「歴代の天皇は皇祖の神裔であらせられ、皇祖と天皇とは御親子の関係にあらせられる。而して天皇と臣民との関係は、義は君臣にして情は父子である。神と君、君と臣とはまさに一体であり、そこに敬神崇祖、忠孝一本の道の根基がある。〔中略〕ここに於いて国体は国民の規範となり、生成は天業翼賛の行として実現せられる。永遠なるもの、無窮なるものこそ、真理の実相であり、我等の生命の根源である」（同右四九、六六、七三〜七四ページ。）

（4）同右五七ページ。原文を示せば、以下の通りである。「抑〻我が国に於いては忠あつての孝であり、忠が大本である。我等は一家に於いて父母の子であり、親子相率ゐて臣民である。我等の家に於ける孝はそのままに忠とならねばならぬ。忠孝は不二一本であり、これ我が国体の然らしむるところであつて、ここに他国に比類なき特色が存する」。

（5）同右五一ページ。この箇所に関わる原文を示せば、以下の通りである。「皇国臣民は、畏くも皇室を宗家と仰いで、一国一家の生活を営んでいる。〔中略〕これ等外来民族も御稜威の下に皆斉しく臣民たるの恵沢に浴し、時移るに従ひ、精神的にも血統的にも全く一体となつて、臣民たるの分を謁くし来たつた。聖徳無辺、万物を包容同化して至らざるなく、一国一家の実は愈ゝ挙がり、君民一体の光輝ある国家は天壌と共に窮まりなく栄えてきた」。

（6）同右八二ページ。上の文章の前段として次のごとき一節がある。「我等皇国臣民は、悠久なる肇国の古へより永遠に皇運扶翼の大任を負ふものである。この身この心は天皇に仕えまつるを以つて本分とする。我等の祖先も同じ本分に生き、その生命を我等に伝えたのであつて、我等の生命は我がものにして我がものにあらずといはねばならぬ」（同右八〇ページ）。

（7）同右八五ページ。この箇所に関わる原文を示せば、以下の通りである。「祖孫一体の我が国に於いては、敬神崇祖は自ら子孫の繁栄発展といふことに連らなる。而して結婚は家の存続発展の基礎をなすものであり、親子の関係は結婚を前提として生ずる。併し我が国の家に於いては決して夫婦関係が中心をなすのではなくして、親子の関係がその根本をなしてゐる。従つて妻は単にその夫と結婚するに止まらずしてその家に嫁するのであり、〔中略〕近時我が国本来の結婚の意義は、誤れる思想の浸潤によつて閑却せられ、夫婦中心の生活が望まれるが如きことがないではなかつたが、かかる結婚観も最近では漸次反省せられ来たつたことは、家を尊重すべき国民精神作興の点よりして大いに喜ぶべきことである」。

（8）同右八二ページ。この箇所に関わる原文を示せば、以下の通りである。「我が国の家は、祖孫一体の連繫と家長中心の結合とより成る。即ち親子の関係を主とし、家長を中心とするものであつて、欧米諸国に於けるが如き夫婦中心の集合体とはその本質を異にする。従つて我が国の家に於いては、家長と家族、親と子、夫と妻、兄弟姉妹、各ゝその分があり、整然たる秩序が存すると共に、亡き祖先も存すが如くに祭られ、生まれ生づる子孫も将来の家族として家の永遠性の中に想念せられ、ここに祖孫一体の実が挙げられる。更に我が国の家は、国に繋がるのをその本質とする。〔中略〕我が国が家族国家であるといふのは、家が集まつて国を形成するといふのではなく、国即家であることを意味し、而して個々の家は国を本として存立するのである。かくて家は祖先より子孫に連らなる永遠の生命を具現するものであり、国体に基づく信念はよく家に於いて培はれ、また長幼の序を正し、各自の分を自覚せしむることも顕著である。かくの如き特質を基として家の生活が営まれるのである」。

［初出・VAWW—NET Japan調査・起訴状作成チーム編『日本軍性奴隷制を裁く「女性国際戦犯法廷」意見書・資料集』VAWW—NET Japan刊・二〇〇一年、所収。本書収録に際し、注釈を加筆。なお原題は「天皇制と性差別・階級差別・民族差別」］

「天皇ヒロヒト有罪」がもたらすもの

はじめに

日本軍性奴隷制（いわゆる「従軍慰安婦」）犯罪が、極東国際軍事裁判（東京裁判）はもとより連合国によるBC級戦犯裁判においても、ごくわずかの例を除き、裁かれずにきたのは、いうまでもなくセクシズム（性差別主義）、レイシズム（民族差別・人種差別）、植民地支配の不問に加え、昭和天皇が戦犯訴追から免れたことが大きい。

このたびの「日本軍性奴隷制を裁く女性国際戦犯法廷」（以下、「法廷」と略記。二〇〇〇年十二月開催）は、裁かれずに推移してきた女性への戦時性暴力（性奴隷制を含む）を明確に「戦争犯罪」と認定し、昭和天皇をこの犯罪の「中核」の戦争犯罪人と断定した。このことのもつ歴史的意義ははかり知れない。半世紀余を過ぎて、「女性・地球市民」次元でようやく正当な「審判」がくだされた、というべきであり、まさしく「思想的事件」と呼ぶにふさわしいであろう。

以下、わたくしはこの稿で、「ヒロヒト有罪」がもたらす意義を、戦前・戦後の日本のフェミニズム・女性運動を振り返りつつ、たどってみたい。

1　日本のフェミニズムと「慰安婦」問題

戦前日本の主流的フェミニズム――「帝国のフェミニズム」

日本軍性奴隷制は、日本が引きおこした侵略戦争と植民地支配・占領地支配が産み出した制度・政策にほかならない。もとよりこの制度が導入される根本的要因の一つとして日本女性の被抑圧的状況も指摘されねばならない。とりわけ社会の底部におかれた貧困階級の女性たちは、二重、三重の抑圧・差別・搾取を受けた。すなわち性的・社会的・階級的なそれである。貧困階級の女たちは、底辺の女性労働者として、あるいはまた「娼婦」として働かざるを得なかったが、それゆえに上・中流・プチブル（小市民）階級の属する同性の女性たちからさえも侮蔑の対象とされた。

近代日本の女性運動は大別すると、女性の政治的・社会的権利の獲得と地位の向上をめざす市民的女性運動（女権拡張運動）と、主に階級的隷属からの解放を志向する無産女性運動（またはプロレタリア女性運動）があった。

市民的女性運動は、男並み平等を求め、まず狙いを女性参政権獲得に絞り、階級差別や民族差別などの撤廃を課題化しなかったといえる。男抜き女性主導で活動を推進したこともその大きな特徴であった。

無産女性運動は、友愛会婦人部（一九一六年設立の最初の労働組合婦人部）を出発点とし、赤瀾会――八日会（一九二二～二三年）と続く社会主義女性運動の影響を受けつつ、一九二〇年代半ばに山川菊栄の女性運動論を獲得する。山川女性運動論は、女性の性的自立と階級差別からの解放、民族差別の撤廃を構造的に把握し、労働者階級が上記の三つの課題を結合させて、取り組むことを強く主張するものだったが、[*1]当時の無産運動や社会主義運動の性的偏見・民族的偏見のため山川理論は、生かされることなく終わった。無産女性運動は、「女性運動」とはいえ、実態として男性主導の影が色濃く投影し、女性の主体性は無視されがちであった。しかも無産運動、社会主義運動内部にも男権家父長制は根強く巣くっていた。戦前における無産女性運動が短期で遺え去った大きな原因の一つは右に述べたごとき男権家父長制・「男主女従」的性格に帰することができよう。

一方、長く命脈を保つことになる市民的女性運動は、前述したように新婦人協会（一九一九年設立）以来、女性が主体となって、女性参政権（婦選）獲得・男女平等要求を掲げ、一九二四年には婦選の大同団結体・婦人参政権獲得期成同盟会（翌二五年、婦選獲得同盟と改称し、以後四〇年解散にいたるまで活動）を結成させるにいたる。同盟会結成のリーダーシップを握ったのは、日本基督《きりすと》教婦人矯風会であった。矯風会は、一八八六年の創立（創立当時は、東京基督教婦人矯風会。全国組織化するのは一八九三年）以来、救世軍や廓清《かくせい》会とともに廃娼（公娼廃止）運動を展開し、対議会運動を繰り返した。矯風会が婦選団体の結成に踏み出したのは、「廃娼」の実現を女性参政権獲得・女性の国政参与に期待したからである。加えて、矯風会に限らないが、当時の婦選運動家たちには、「女性の国民化」を求める意識が広くかつ強く共有されていた。[*2] いわば、彼女たちは天皇制国民国家のもとでの「国民」を自任し、それにふさわしい地位と権利を参政権要求にこめていたのである。その意味で婦選獲得・女権拡張運動は、初発から「帝国のフェミニズム」運動であった。

山東出兵（一九二七年、二八年、日本は二度にわたって中国・山東省に軍事侵略）、柳条湖事件（一九三一年）、盧溝橋事件（一九三七年）と続く中国侵略戦争のなかで、市民的女性運動が戦争への抑止を求めるどころか、一歩一歩、政府協力・戦争協力の度合いを深めていったのは、右に述べたような「国民」意識に支えられた「国政への参与・参画」意識があずかって大きかったといえよう。「女権」意識と天皇制ナショナリズムは、婦選運動家たちのなかに共存し、「非常時」、戦時においてより強く顕在化し、彼女たちを国家協力・戦争協力への尖兵とかりたてていった。[*3] ようするに戦前日本の主流的フェミニズムは、「帝国のフェミニズム」の域から脱することはなかったのである。

戦後女性運動と「慰安婦」問題

敗戦後の女性運動は、戦前フェミニズムが「帝国のフェミニズム」であったという意識もなく、それゆえ自らの加害性に向きあうことなく、「女たちはみな、戦争の被害者」意識から再出発した。敗戦直後に昭和天皇の責任を示唆する主張は、女性知識人の間になくはなかったが、[*4] 大部分の女性運動家たちは自らの「汚点」に目をふさぐとともに、天皇の戦争責任をも不問に付した。敗戦直後からつくられた「天皇は平和主義者で、軍部に利用されただけ」という神話が、女たちの間にも急速に浸透していったのは、指導的立場にあった女性たちが戦後における自己保身のために自らとともに天皇の戦争責任問題をなおざりにしたことと、無縁ではなかろう。

著名なフェミニストや文筆家たちの、かつての翼賛や戦争加担の言辞[*5]は、棚上げされ、一転して彼女たちは、愛や平和を説く使徒と化し、再び平和運動や女性運動の指導者として立ち現れた。

加害性と向き合わない戦後の女性運動は、こうしてアジアの戦争犠牲者・被害者を視野の外に放り出したまま出発した。戦後女性運動は、戦前の主流的女性運動がアジア不在で展開された、その同じ轍を踏んだのである。

敗戦後、貧しい階級の女性たちのなかからは、一家の大黒柱となって家計を支えるべくいやも応もなく「身を売る」女たちが増えた。この女性たちにたいし、戦後の廃娼運動は、戦時における「純潔報国」運動への何らの反省をも示さないどころか、相変わらずの国辱視、「純潔」思想で、彼女たちを病原菌扱いし、社会からの隔離を主張した。[*6]なかには露骨に「黴菌」扱いするフェミニストもいた。[*7]

アジアへの視点の欠落、「売春」を性搾取・性暴力と把握できないセクシュアリティ観、加害性意識なき戦争観、「一国」的平和主義は、戦後女性運動の特徴をなしたといえよう。

「慰安婦」（性奴隷制）犯罪は、前述したように性差別、民族差別、植民地（占領地）支配の重層的な差別構造を有するうえ、天皇の軍隊・国家がおこした組織犯罪である。しかも、戦争犯罪の「中核」の位置にあった天皇ヒロヒトは、免責されている。

戦後女性運動が、内発的、主体的に「慰安婦」問題を戦争犯罪・「女性人権」問題として取り組めなかったのは、右に述べたような戦後女性運動の特徴・性格と相俟って、この「慰安婦」問題の重層性にもよるであろう。

2 近現代女性史における天皇翼賛と反天皇制の系譜

すでに述べたように日本フェミニズムと女性運動の主流的立場に立つ女性たちは、自らの「罪」を隠蔽化しつつ、彼女たちを「共犯者」に仕立て、煽動した「主犯格」天皇ヒロヒトの戦後における「平和愛好家」神話を受容・助長し[*8]、彼の戦争犯罪も戦争責任も一切追及してこなかった。ここであらためて著名なフェミニストたちの天皇の戦争への翼賛の言辞を抜粋しておこう。

「こういう現人神にましますす天皇を戴き、万民の心が、常に天皇を中心として、いつ、いかなる場合にも、立ちどころに帰一し奉ることのできる国に生まれた幸福」「天照大御神に、その生き通しでいられる天皇に絶対帰一し奉ること、これがすべての新体制の根基ではないか」(平川らいてう[*9])

「私共は『みたみ』として翼賛の臣道を実践すべきである。……私共はひるむ心に鞭うち、私共としてなすべき翼賛運動に挺身しやうではないか」(市川房枝[*10])

「わが『たをやめ』は家族心を生命としてをり、世界の家族化を願望してやまない。しかるにそれを阻害するものに対してわが聖戦はおこされるのであるから、戦争は積極的に女性のものといってよい。わが子、わが夫、わが弟を励まし、打ち勝たせずにはやまぬ女性の意志がここにある」（高群逸枝）[11]

「此の世界無比の光輝ある歴史を有する国に生れ合せました光栄に感喜〈ママ〉致しますと共に私共婦人の脈管に波打つ此の命、此の血、此の手、此の足、何れか祖国のものでないものがございませうか……此の身、此の胸にあらん限りの誠を籠めて子を産み、育て、只管に御国の弥栄を祈るばかりであります」「民草として何ものをも捧尽して　天皇陛下に帰一し奉りたいと云ふ純情無垢の心情」（高良とみ）[12]

右に列挙したごときフェミニストたちの天皇翼賛の言動責任を戦後日本の女性史研究は、「女性はみな被害者」幻想のもとに、指導的フェミニストたちの戦争協力・翼賛加担の跡付けを怠ってきた。そればかりか、一九八〇年代から、「一国史観」を乗り越えて自国の近現代女性史のなかの戦争協力・翼賛加担の事実を洗い直し始めたものにたいし、いまだ「告発型」と決めつけて事足れりとする著名な女性史研究者もいる。[13]

近現代女性史における加害性への視点・認識の欠落と天皇・天皇制への責任追及不在が女性をも含む戦後の日本民衆の歴史観を根底的に歪めてきたこととは連関していよう。天皇・天皇制こそ「歴史修正主義」の最たる装置でありながら、女性史研究における天皇・天皇制研究への軽視・欠落をいまこそ強く認識すべきであろう。さらに戦後フェミニズムや女性運動を主導したフェミニストや女性運動家たちの「過去」を不問に付した、戦後女性史研究があらためて問い直され、検証されるべきである。

「法廷」における「天皇ヒロヒト有罪」は、アジアや世界のウーマンズ・ピープルパワーの連帯によってかち得たものである。「法廷」実践に積極的に関与した日本女性の一人ひとりが、その意味の重大性をいま、噛み締めていることだろう。

ところで日本近代女性史上には、その思想と実践が必ずしも正当に評価されてこなかった「反天皇制」「絶対平等」を文字通り生きた女性たちの系譜がある。管野すが、金子文子らの系譜である。いわゆる「大逆事件」（一九一〇年）で絞首刑に処せられた管野すが（一八八一―一九一一年）は、縊り殺されるおよそ半年前の一九一〇年六月三日、検事の訊問に答えて、「天子ナルモノハ現在ニ於テ経済上ニハ略奪者ノ張本人政治上ニハ罪悪ノ根源　思想上ニハ迷信ノ根本ニナツテ居リマスカラ此位置ニ在ス人其モノヲ斃ス必要カアル」[*14]と公然と言い放った。

一九二三年、関東大震災時の朝鮮人虐殺を隠蔽するために仕組まれた「金子文子・朴烈事件」で検挙・投獄された金子文子（一九〇三―二六年）は、一九二四年五月十四日、市ケ谷刑務所での訊問で天皇制を徹底批判した。やや長くなるが抜粋引用する。[*15]

「総ヘテノ人間ハ人間テアルト云フ只一ツノ資格ニ依ツテ人間トシテノ生活ノ権利ヲ完全ニ且ツ平等ニ享受スヘキ筈ノモノテアルト信シテ居リマス」「元々国家トカ社会トカ民族トカ又ハ君主トカ云フモノハ一ツ

ノ概念ニ過キナイ。処カ此ノ概念ノ君主ニ尊厳ト権力ト神聖トヲ附与センカ為ニネチ上ケタ処ノ代表的ナルモノハ此ノ日本ニ現在行ハレテ居ル処ノ神授君権説テアリマス」「天皇ヲ以テ神ノ子孫テアルトカ或ハ君権ハ神ノ命令ニ依ツテ授ケラレタモノテアルトカ若クハ天皇ハ神ノ意志ヲ実現センカ為メニ国権ヲ握ル者テアルトカ従テ国法ハ即チ神ノ意志テアルトカト云フ観念ヲ愚直ナル民衆ニ印象付ケル為メニ架空的ニ捏造シタ伝説ニ根拠シテ鏡タトカ刀タトカ玉タトカ云フ物ヲ神ノ授ケタ物トシテ祭リ上ケテ鹿爪ラシイ礼拝ヲ捧ケテ完全ニ一般民衆ヲ欺瞞シテ居ル」「全智全能ノ神ノ顕現テアリ神ノ意志ヲ行フ処ノ天皇カ現ニ地上ニ実在シテ居ルニ拘ラス其ノ下ニ於ケル現社会ノ赤子ノ一部ハ飢ニ泣キ炭坑ニ窒息シ機械ニ挟マレテ惨メニ死シテ行クテハアリマセヌカ此ノ事実ハ取リモ直サス天皇カ実ハ一介ノ肉ノ塊テアリ所謂人民ト全ク同一テアリ平等テアル可キ筈ノモノテアル事ヲ証拠立テルニ余リニ充分テハアリマセヌカネ」「万世一系ノ天皇トヤラニ形式上ニモセヨ統治権ヲ与へテ来タト云フ事ハ日本ノ土地ニ生レタ人間ノ最大恥辱テアリ、日本ノ民衆ノ無智ヲ証明シテ居ルモノテアリマス」

ここには確かに大越愛子氏が指摘するように「天皇という存在形態が民衆にもたらす呪術的力、その巧妙な階級的支配の構造」[*16]にたいする金子のすさまじい憤りとともに、天皇制国民国家イデオロギーの虚妄性をみごとに剔抉《てっけつ》し、告発し、粉砕する力強さが脈打っている。

管野も金子もたった一人で、巨大な天皇制国家権力と対峙し、その悪を身をもって告発・糾弾し、それゆえに権力によって殺された。二〇〇〇年十二月の「法廷」でわたくしたち日本のウーマン・

ピープルズは、アジアのサバイバーや世界の女性たちとともに、半世紀、いや一世紀以上にわたり外における侵略と植民地支配、内における女性と民衆抑圧・支配の根源をなす天皇制システムの「罪責」を明るみに引き出すことができた。

管野や金子の孤独なたたかいが切り拓いた反天皇制の思想と行動の衣鉢を継ぐべき可能性をいま、わたくしたちはようやく手にしたといえる。

3 「ヒロヒト有罪」がもたらすもの

「法廷」最終日の二〇〇〇年十二月十二日の判決直前、わたくしはこの運動の十余年に及ぶ軌跡を心のなかでたどっていた。「責任者処罰」に基づく具体的行動が韓国挺身隊問題対策協議会によって提起されたときの日本側市民団体の否定的対応、「責任者処罰」論が提起されたのと相前後して活発化されたと思われる「民間基金」構想。「民間基金」構想を引き継ぐ形で日本政府が発足させた「国民基金」[*17](「女性のためのアジア平和国民基金」。九五年七月設立)。「国民基金」が発足した背景の一つには、疑いもなく天皇の戦争犯罪・戦争責任を日本市民から遮断する目的が潜められていたはずである。[*18]

いよいよ判事たちの朗読が始まった。固唾をのんで彼女らの言葉に耳を澄ます。「ヒロヒト有罪」の判決(「認定の概要」)が明確な言葉でくだされた。心のなかで「やった」とつぶやいた。ここにいたるまでの道のりの遠さ。被害者や被害当事国の支援者は、はじめから「ヒロヒト有罪」を確信されていたであろう。しかし、実際に「有罪」判決がなされるや、彼女らの間から一斉に歓喜の声があがった。何ともいえない感動的なひとときが会場の日本青年館を包んだのである。

この「法廷」は、いうまでもなく加害国日本の女性・市民も加わって開催された民衆法廷であった。「中核の戦争犯罪人」天皇ヒロヒトを裁くという大事業にはじめて日本の女性が取り組み、かちとった意義はきわめて大きい。しかも日本側でこの法廷実践に積極的にかかわったのは、いわゆる「著名なフェミニスト」といわれる人びとはごく少なく、ウーマン・ピープルズである。この連帯の力、共同の力によって①戦時における女性への暴力が「戦争犯罪」であること、②ヒロヒトをはじめとする責任者が法的な処罰を免れたことが依然として暴力の連鎖を生み出していること、③ヒロヒトをはじめとする戦時性暴力の犯罪者が不処罰状態にあることが被害女性の人権・名誉回復を妨げ続けていること、これらを国際社会に向けてともにアピールできたのである。これは、やはり一つの思想史的事件と呼んで差しつかえないだろう。

とはいえ、このたびの「法廷」[*19]での「ヒロヒト有罪」は、わたくしたち日本女性にとっては終わりではなくて始まりの第一歩である。「中核の戦争犯罪人・ヒロヒト」の戦争犯罪・戦争責任の内実が日本社会においてより大衆的に可視化するための取り組みをわたくしたちは即刻始めねばならない。

【註】

（1）たとえば、山川の「『婦人の特殊要求』について」（一九二五年）などを読むと、彼女が性差別、階級差別、民族差別を三位一体的に捉え、社会主義運動や労働運動が課題化することを明確に示している。なお山川の思想については、『山川菊栄集』全十一巻（岩波書店、一九八一～八二年）、鈴木裕子編『山川菊栄女性解放論集』全三巻（同、一九八四年）、同『山川菊栄評論集』（岩波文庫、一九九〇年）参照。

（2）ちなみに婦人参政権獲得期成同盟会の「宣言書」の一節には「市町村に於ける公民たり又国家の公民たる資格を求めて吾等は参政権を必要とす」とある。

（3）詳しくは拙著『フェミニズムと戦争——婦人運動家の戦争協力』（マルジュ社、一九八六年、新版一九九七年）参照。

（4）たとえば宮本百合子「女の手帖」『毎日新聞』一九四六年一月十七～十八日・二十～二十三日掲載。『宮本百合子全集』第十五巻（新日本出版社、一九八〇年）所収、参照。

（5）前掲『フェミニズムと戦争』など参照。

（6）たとえば、日本基督教婦人矯風会「風紀対策に関する意見書」（一九四六年十月）、拙著『女性史を拓く3　女と〈戦後50年〉』（未来社、一九九五年）一六〇～一六一ページ参照。

（7）平塚らいてう「民族の未来のために」『女性改造』一九四九年四月号。『平塚らいてう著作集7』（大月書店、一九八四年）所収、参照。

（8）たとえば市川房枝はその随筆集『だいこんの花』で、「現在の裕仁天皇は正直な平和愛好の方であるようだが、周囲の政治家や軍人に利用されて数々の苦労をされた点はむしろお気の毒であったと思うのである」（新宿書房、一九七九年、一二〇ページ）と記している。

（9）「女性の感激」『読売新聞』一九三六年五月七日号、『平塚らいてう著作集6』（大月書店、一九八四年）

一一三ページ。「日記抄」『婦女新聞』一九四〇年十月二十七日号、同前三三〇ページ。

(10)「翼賛会の改組なる」『女性展望』一九四一年五月号、前掲『フェミニズムと戦争』一一六ページ。

(11)「たをやめ」『日本婦人』一九四四年十一月号。河野信子他著『高群逸枝論集』（ＪＣＡ出版、一九七九年）所収、二六二ページ。

(12)『臨時中央協力会議会議録』（一九四〇年十二月）所収「婦人翼賛組織に関する件」、前掲『フェミニズムと戦争』五八、六〇ページ。

(13) 米田佐代子「平塚らいてうの『戦争責任』論序説」『歴史評論』一九九六年四月号、参照。

(14) 鈴木裕子編・解説『日本女性運動資料集成』第三巻（不二出版、一九九七年）六八ページ。

(15) 同右一三五〜一三七ページ。

(16) 大越愛子「国家幻想を解体する女たち」井桁碧編著『「日本」国家と女』（青弓社、二〇〇〇年）所収、三五二ページ。

(17)「国民基金」の呼びかけ人となった人びとは、「日本政府にとって『従軍慰安婦』問題は国家が犯した戦争犯罪であると法的に認めることは難しい」と繰り返し主張している（大鷹淑子・下村満子・野中邦子・和田春樹「なぜ『国民基金』を呼び掛けるか」『世界』一九九五年十一月号、など参照）。

(18)「国民基金」の狙いや、その犯罪的行為等について詳しくは、拙著『戦争責任とジェンダー』（未来社、一九九七年参照）。

(19) 女性国際戦犯法廷について、詳しくは、本書第四章参照。

［初出・ＶＡＷＷ－ＮＥＴ　Ｊａｐａｎ編『裁かれた戦時性暴力――「日本軍性奴隷制を裁く女性国際戦犯法廷」とは何であったか』

白澤社刊、二〇〇一年]

「つくる会」教科書運動とネオ・ナショナリズム

一　「つくる会」教科書運動は右翼政治運動

検定合格・市場流通・採択が至上課題

「新しい歴史教科書をつくる会」（以下「つくる会」と略記）作成にかかる中学校社会科歴史・公民教科書（扶桑社刊行）をめぐって、昨今、論議がかまびすしい。

すでに多くの論者が指摘しているように「つくる会」教科書の中身は、学問的にもすこぶる低レベルである。レベルの低さにとどまらず、基本的ミスも含め、間違いも多い。しかし、「つくる会」の面々には、それを恥じるふうもない。「学問的良心」を彼らに求めるのは徒労というほかあるまい。「厚顔無恥」の批判のつぶてを投げても、彼らにとっては痛くも痒くもないであろう。

そもそも「つくる会」は、去る四月（二〇〇一年四月）の検定通過で、歴史教科書に限っても一三七箇所の修正を難なく受け容れている。まずはともあれ、検定に合格させ、学校現場での流通を最優先させたのであろう。それればかりか、いままでの常識をくつがえす形で、市販本を採択前に発行させた。ちなみにこの市販本は、「つくる会」教科書をめぐる報道が盛んになされるなかで、抜群の宣伝効果を得て、売れに売れているという。彼らは、これらをも十分に計算しつくしており、最初からメディア攻略を立てていたのであろう。

「つくる会」教科書の特徴と概要

「つくる会」教科書の中身については詳しく述べるまでもないだろう。さしあたっては、わたくしも執筆者の一人となってこの六月上旬に緊急出版されたブックレット『ここまでひどい！「つくる会」歴史・公民教科書――女性蔑視・歴史歪曲・国家主義批判』（VAWW－NET Japan編、明石書店、八〇〇円）を手にとられたら幸いである。

「つくる会」教科書の特徴は、大きくいって次の五点に集約できる。

①アジア、マイノリティー蔑視の差別思想に貫かれている。
②復古調に満ち、「大日本帝国」に限りなく親和的である。
③天皇中心の「国体」的自己陶酔史観が基調になっている。
④働く人や民衆不在の、まさに支配者中心史観である。女性や、民衆、植民地民族、アイヌ、沖縄などマイノリティーの人びとの解放への思いや運動はまったく切り捨てられている。
⑤この十年余、日本内外で「女性の人権」問題として共通認識化されてきた「慰安婦」問題への

一言の言及もないことに象徴的に示されているように、女性存在をことさらに無視・排除・抹殺している。

わたくしは「つくる会」歴史・公民教科書を白表紙本、見本本の段階で精読したが、こんなに徒労感を覚えた本はない。実に読むに堪えない代物である。歴史教科書はまるで男たちの英雄物語のオンパレードである。前述したごとく女性や民衆、マイノリティーへの視点は、いくら捜してもまったく出てこない。まさに男性支配者中心主義・史観が全編をおおっている。

こんなに原理的な男権主義・男権史観の教科書は、いわゆる「先進」諸国においてあまり例をみないのではないだろうか。

公民教科書にも右のごとき男権主義に基づく男女性役割分担が説かれ、男性家長を中心にした「家族の一体感」がうたわれる。家父長制家族制度への復帰がありありとうかがわれる。

さらに歴史・公民両教科書に色濃く流れている基調は、「国家」「国民」「国防」観念の強調である。再び戦争のできる「国家」を立ち上げ、「国家」に帰属し、「国家」のために死ねる「国民」（公民）意識の醸成を図る。「国防」は「国民」の義務とする。「徴兵制」施行が彼らの構想のなかではすでに折り込みずみであろう。

情動に訴え、死を美化

「つくる会」教科書の手法は、人びとの「情動」に訴えるやり方である。歴史教科書に描かれる

「神風特別攻撃隊」や「沖縄戦」の描写は、その典型といえよう。以下、やや長くなるが、紹介する。

同年〔一九四四年〕十月、ついに日本軍は全世界を驚愕させる作戦を敢行した。レイテ沖海戦で、「神風特別攻撃隊」（特攻）がアメリカ海軍艦船に組織的な体当たり攻撃を行ったのである。追いつめられた日本軍は、飛行機や潜航艇で敵艦に死を覚悟した特攻をくり返していった。飛行機だけでも、その数は二五〇〇機を超えた。

一九四五（昭和二〇）年四月には、沖縄本島でアメリカ軍とのはげしい戦闘が始まった。日本軍は戦艦大和をくり出し、最後の海上特攻隊を出撃させたが、猛攻を受け、大和は沖縄に到達できず撃沈された。沖縄では、鉄血勤皇隊の少年やひめゆり部隊の少女たちまでが勇敢に戦って、一般住民約九万四〇〇〇人が生命を失い、一〇万人に近い兵士が戦死した。（傍点は、引用者）

右の本文に加えて、特攻隊員の遺書二つが囲みのなかに掲載されている。一つを引用しよう。

遺詠（二三歳で沖縄で戦死した緒方襄）

出撃に際して

懐しの町　懐しの人

今吾れすべてを捨てて
国家の安危に
赴かんとす
悠久の大義に生きんとし
今吾れここに突撃を開始す
魂魄国に帰り
身は桜花のごとく散らんも
悠久に護国の鬼と化さん
いざさらば
われは栄ある山桜
母の御もとに帰り咲かなむ

右のような「特攻」（事実上の強制自殺作戦である）や「沖縄戦」（日本軍による住民虐殺や、日本軍により事実上、強要された住民集団自決などの事実は記されていない）の叙述にみられるように、「つくる会」教科書は、いたるところで情動的に戦争美化をおこなっているのである。

二　右派文化人によって先導されるネオ・ナショナリズム言説攻撃

右にみたごとく、「つくる会」教科書は、教科書運動、教育運動を装った一種の右翼政治運動としてみるべきであり、その背景には、平和主義放棄・基本的人権制限（抑圧）・天皇の明文元首化を企図する一大右翼勢力がひそんでいることを看過ごしてはならないだろう。

とはいえ、ここでは右翼運動総体を論じるスペースもなければ、その力量もない。そこで、右派運動をメディアとして主導している『産経新聞』が二〇〇〇年一月から今年（二〇〇一年）の五月にかけ、各回半紙大二面を使い、十六回にわたって連載した座談会記事「21世紀日本の国家像を考える」を対象とし、右派論客たちが目指す方向性をたどってみたい。

天皇を美化する美辞麗句の羅列

右の座談会出席者は、三浦朱門（作家・元文化庁長官。なお三浦氏は、一九九八年十月の日韓首脳会談で金大中大統領が提案し、九九年六月に発足をみた「日韓文化交流会議」の日本側座長である。ちなみに韓国側座長は、池明観《チミョンガン》氏である）、坂本多加雄（学習院大学教授。専門は、日本政治思想史、「つくる会」歴史教科書執筆者の一人）、島田晴雄（慶応義塾大学教授。専門は、労働経済学、沖縄有識者懇談会座長や政府税調委員などをつとめ、小泉政権のブレーン）、長谷川三千子（埼玉大学教養学部教授）、森本敏（拓殖大学国際開発学部教授）氏らである。七十歳代の三浦氏を除けば、いずれも五十歳代の若さである。この座談会の基底に流れるトーンは、おどろおどろしいばかりの復古・伝統主義、「国体」的天皇史観である。「つくる会」一派と軌を一にした主張がより鮮明化され、「純化」されて登場している。

ここではスペースの関係もあり、多くは述べられないが、一口にいえば、彼らは、天皇の明文元首化をうたい、「国民」の要件として「国家」のために死ねること、また「国民」の「義務」として「国防」の務めを果たすこと、さらに人権概念をねじ曲げて解釈し、「公共の福祉に反しない限り」という条件付きでのみ基本的人権を認め、それらのための「憲法改正」を一同で大合唱するのである。

彼らの得手勝手な解釈と主張は、とどまるところを知らない。たとえば、大日本帝国憲法（明治憲法）下の天皇主権について、こう言う。「そもそも立憲君主制は民主主義と何も矛盾しない。明治憲法でも国民の中から議員が選ばれて帝国議会が構成され、国民に自由が与えられた、立派な憲法であった」（森本。『産経新聞』二〇〇一年二月八日付「憲法と天皇」）。

一九二五年までの男子「普通選挙法」成立まで、男子であっても財産による制限があり、女性にいたっては敗戦後ようやく選挙権を得たことを意図的に隠している。やはりこれは歴史歪曲というほかない。歪んだ解釈、恣意的主張は、彼らの口から次々と飛び出す。天皇に関しても同様である。「日本人がみな共有するある種の権威がある気がする。例えば、大きな災害の時、首相ら政府関係者は防災服に身を固めて遠くから見るが、天皇陛下は、ワイシャツの腕をまくり、避難民に近寄って、直接手を取って慰めの言葉をかける」（島田。同前）。

「そのシーンに加えると、天皇陛下も皇后陛下も上から見下さず、避難民と同じ目線の高さだ」

（三浦。同前）。

「これは新しい伝統かも知れない」（坂本。同前）。

右に引いたものは、天皇美化のごく一部で、醍醐天皇（在位八九七年〜九三〇年）の「寒夜に御衣を脱ぎたもう」（ちなみにこの逸事は、一九四一年、日本「臣民」へのバイブルとして強要された、文部省教学局編さん・刊行の『臣民の道』に登場）式の、天皇にまつわる美辞麗句を列挙するといとまがない。

さらに注目すべきは、「日本国民」の条件として、天皇制への「尊敬」が強要されていることである。「一言で言えば、日本人としてのアイデンティティーとは何かということになる。そんなにあるとは思わないが、まず天皇制を尊重する人でないと困る。天皇制を受け入れないという人を日本人として受け入れられるのか、という問題が最初に出てくるのではないか」（森本。『産経新聞』二〇〇〇年十月二十三日付「日本国民の条件」）。

「国民の概念」と「国防の義務」

右派論客の面々は「国民」の基本的人権を制限する一方で、「国民」であることを、次のように規定する。

「いざというときに日本のために命を捨てる覚悟があるか、ということ」（長谷川。前掲「日本国民の条件」）。

「傭兵は国のために戦うのではなくカネのために戦う兵士を言う。〔中略〕国のために無料で命を落とすかもしれないという犠性と奉仕の心をもつ人。それが国民たるアイデンティティーの意味だ」（森本。同前）。

「納税の義務は、日本国民になる資質にはなりにくい。〔中略〕その国の国民になるか、ならないかというのは、その地域の共同の運命を担うか担わないか、ということであり、最低限、防衛義務が必要となる」（坂本。『産経新聞』二〇〇一年四月十一日付「日本国憲法こう直す」）。

「国家は、人権を守る代わりに、国民に『犠牲になることを覚悟しろ』とか『そのために公の権力を使う場合には個々の人間の人権を一時的に制限することもあり得る』とかを要求しないといけない、そういうことがなければ『公』というものはあり得ない。『私』の集合体の国家はないんです」（三浦。『産経新聞』二〇〇一年五月三日付「最終座談会」）。

右の議論から容易に推し測れるように、「国民」の「国防の義務」（ようするに憲法第九条「平和主義」の放棄）と「国民」の基本的人権の制限・抑圧（ようするに憲法第二十五条の生存権・生活権規定の制限）はセットになって語られていることである。「国民に『最低限』の生活を保障したこの条項（憲法第二十五条）が、いつの間にかだれにも『人並み』の生活を保障するものと拡大解釈され、地方交付税などによって財源不足の地方自治体の財源補てんが行われ、全国各地、国に頼ればよいというモラルハザード（倫理の欠如）を生んだ。それが膨大な財政赤字の累積につながり、国の財政運営を破たんの危機に陥れている」（島田。前掲「最終座談会」）と。

「父権」の復権と「国」のために死ぬこと

フェミニズムへのむき出しの敵意は、彼ら彼女らに共通しているものである（『産経新聞』二〇〇〇年十二月十四日付「子供を産みたがらない女性たち」参照）。かわって家庭における「父権」の復権がこもごも次のようにかわされる。

島田　父親の役割、母親の役割という前に、やっぱり夫婦のお互いの尊敬、あるいは役割の相互認識があるわけです。それがちょっとゆがむと、とんでもない子育てになるだろうと思う。今の日本で問題があるのは、お母さんがお父さん、つまり妻が夫を子供の前で尊敬しない。

長谷川　それは絶対いけませんね。

島田　妻の夫に対する尊敬の念が最初からないんです。これは社会現象です。男女が同年齢で一緒に勉強してきているところに一つの原因がある。低学年からしばらくは、男女の体力差、学力差、能力差はほとんど変わらないし、いわゆる思春期には女性のほうが成熟度が少し上でしょう。妻が夫を本当に尊敬できなくてもいいんですが、家庭の中では尊重すべきではないか。家族の中における父親の役割を妻がよく認識して、あえて子育てに関する重大な問題はみんな夫にさせるくらいの役割認識があってよい。

長谷川　私が文化的、伝統的に出来上がった型といったことは、まさにそれですよ。夫を立てるとか、お父さんを立てるという言葉がきちんとあって、お父さんの座る場所に子供が座ったりすると「いけません」と無意識のうちに叱っている。

（前掲「子どもを産みたがらない女性たち」）

「妻が夫を本当には尊敬できなくてもいい……」云々とは、男性を尊敬する振りをしていかにも男性を貶めているのではないだろうか。

右派論客たちの「父権」の復権には、実は底意がひそんでいるのである。次の長谷川、森本両氏の発言をみられたい。

長谷川　男の場合、ジェンダーというものの中心がどこにあるかといったら、元服でしょうね。元服とは何かと言ったら、義のために死ぬことができる――その覚悟を持つということでしょう。そこで男は女とガッと差がつく。それが男も命が大事だとなったら、もうそれは尊敬されません。（同前）

森本　結局は戦場に出ていくときに男性の地位がどんどん上がって、そして長く平和が続くとどんどん落ちてくる。それがよくわかるのは、国民皆兵になっている国は男性の地位が高い。だから、社会の中で男女どちらでもいいのですが、どういう人が国のために死のリスクを負うかということによって地位が動くと思う。（同前）

右翼「市民運動」の構想

「新しい歴史教科書をつくる会」のメンバーであり、かつイデオローグでもある坂本多加雄氏はこの最終座談会で「歴史は名場面集」であると語っており、このたびの「つくる会」歴史教科書は、同氏らの右のごとき考え方にそくして編集、作成されているといえよう。同氏がここで例としてあげているのは、「軍神」広瀬武夫の「杉野は何処」のシーンであり、彼らが何を「名場面」と思っているか、一目瞭然であろう。

坂本氏は、前記座談会において幾度にもわたり、「国防市民運動」の展開を提唱してやまない。「市民運動でも『日本の国防を考える市民の会』といったものもありうるでしょう。従来型のエゴばかりの市民運動ではなくて、国防も考えて啓もうする市民運動が伸びなければいけない」(『産経新聞』二〇〇〇年六月十三日付「『政官民』のもたれあい」)。

「『国づくりは民の手で』といいたい。冷戦がおわり、一九九三年に自民党が分裂し、九四年に自社さ政権ができた。あのころからいわゆる保革の対立がはっきりしなくなり、保守政党であった自民党がわけがわからなくなってきた。北朝鮮と国交するかもしれない、永住外国人への地方参政権付与法案が通ってしまうかもしれない、中学の歴史教科書が検定不合格となるかもしれない、李登輝台湾前総統のビザ(査証)が出ないかもしれない――と右往左往した。それまで一応日本国民の多数が信頼していた統治機関が信頼に値しないものになりつつある。そこで『民の手』ということです。これまで民の運動というと革新の市民運動でしたが、それとは違ったタイプの民間の中から国を考え直すような動きをつくることによって、逆に政と官を規制しようということです。要するに国家というのは民の中にあるんで、政府即国家じゃない。民が国家の立場から政府を規制するという、そういう態度が必要です」(前掲「最終座談会」)。

いまや「国防」や「父権」「天皇」をキーワードとした右翼市民運動の広範な展開が確実に構想されている。一見、時代錯誤的、荒唐無稽とも思われる、右翼的・国家主義言説だが、彼らのメディア攻略は巧みであり、また先を見通した戦略的思考をもあわせもっている。急速な右傾化状況も彼らの言説攻勢を支えている。侮りは禁物である。主権在民、戦争放棄、基本的人権のより深い内実化と理論の再構築が求められている。

【付記】『産経新聞』二〇〇一年七月十四日付朝刊は、「新しい歴史教科書をつくる会」が、早くも次の検定をにらんでの動きを次のように伝えている。「十三日、改訂版を来年七月に市販し、世論の判断を受けた上で、次回の平成十六年度検定に申請することを決めた。〔中略〕昨年四月検定に合格した扶桑社教科書に対しては、内容を見ないままの批判が先行。六月に市販が開始され、ベストセラーになったが、組織的な採択妨害もあり、八月に採択を決定したのは一部の私立や東京都立、愛媛県立養護学校などにとどまった。つくる会は、市販の遅れが採択の低迷につながったとして、次回の検定・採択にあたっては、まず市販して広く国民の意見を聞いたうえで検定申請することになった」(「扶桑社教科書　次回は市販後に検定　つくる会『まず世論の判断を』」)。予想される暴力的な販売・頒布運動に対策を講じる必要があるだろう。

〔初出・『科学的社会主義』二〇〇一年八月号〕

第三章

「慰安婦」問題の十年

「立法不作為」の罪を認定した関釜裁判判決

戦時中に「慰安婦」や女子勤労挺身隊として強制労働させられた韓国人女性十人が、国の公式謝罪と賠償金を求めていた「関釜《かんぷ》裁判」の判決が、一九九八年四月二十七日、山口地裁下関支部であった。

「慰安婦」制度について、国は賠償立法義務を怠ったとの判断を示しながらも、公式謝罪の義務はない、挺身隊の訴えは棄却、という一見、ちぐはぐな内容になっている。

「関釜裁判」第一審判決の第一の意義は、国の法的賠償責任を認定したことであろう。このことは画期的な意味を有すると思われる。なぜなら日本政府は、戦時中の日本軍のおこなった行為について一貫して法的責任を否認し、賠償への道を固くとざしてきたからである。その意味で判決は、日本政府の法的無責任の姿勢を間接的であれ、明確に批判したものといえよう。

日本政府にたいする賠償責任の履行は、国際的にはすでに一九九六年四月のクマラスワミ勧告[*1]によって強く求められていたが、このたびの判決によって国内の司法判断でも促されたとみるべきであろう。これまで戦後補償請求裁判は、立法裁量論の壁に阻止され、いわば門前払いで請求を棄却されていた。「関釜裁判」判決は、この状況に風穴をあける最初のステップともいえ、戦後賠償運動全体に弾みをつけることになると思われる。

法的不作為による新たな人権侵害

関釜裁判の原告は、元「従軍慰安婦」の韓国人女性三人と、日本の軍需工場に戦時動員された元女子勤労挺身隊七人の韓国人女性である。元「慰安婦」原告、元「挺身隊」原告らの被害の事実について、判決はともにほぼ全面的に認める。

判決は、「慰安婦」原告らが「被った肉体的・精神的苦痛は極めて苛酷なものであり、帰国後もその恥辱に苛まれ、今なお心身ともに癒すことのできない苦悩のうちにある」と述べ、「従軍慰安婦」制度が徹底した女性差別、民族差別思想のあらわれであり、女性の人格の尊厳を根底から侵し、民族の誇りを踏みにじるものであって、しかも、決して過去の問題ではなく、現在においても克服すべき根源的人権問題である、と明確に指摘している。

ここで判決は、法の解釈原理あるいは条理として「法的作為義務」を導き、「個人の尊重、人格の尊厳に根幹的価値をおき、かつ、帝国日本の軍国主義等に関して否定的認識と反省を有する日本国憲法制定後は、ますますその義務が重くなり、被害者に対する何らかの損害回復措置を採らなければならないはず」なのに、被告である国は、日本国憲法制定後も多年にわたって、この作為義務を尽くさず、「慰安婦」被害者を放置したままあえてその苦しみを倍加させたのであり、この不作為は、それ自体がまた被害者の人格の尊厳を傷つける新たな侵害行為となった、と断じた。

判決は、さらに九三年八月、河野洋平内閣官房長官（当時）が、「慰安婦」問題を重大な人権侵害と認める談話を発表した時点で、法的作為義務は「慰安婦」被害者の被った損害を回復するための特別の賠償立法をなすべき憲法上の義務に転化し、その旨明確に国会にたいする立法課題を提起したというべきであったのに、「合理的期間」と認められる三年を経過しても何らの立法もなされなかったこと（立法不作為）は国家賠償法上違法であり、被告（国）・国会議員が「右特別の賠償立法をなすべき義務を違法に怠ったことによる精神的損害の賠償を求める権利」が「慰安婦」原告にはあり、その額は「将来の立法により被害回復がなされることを考慮」し、それぞれ三十万円として算定した。また原告らが望んでやまない国会・および国連総会における公式謝罪については、「政治部門の独自の判断と裁量」により決すべきで、司法裁判所の介入できるところではないとして請求を棄却した。

納得しがたい「女子挺身隊」の請求棄却

以上が、元「慰安婦」原告らの訴えにかかわる判決の骨子である。法的不作為による新たな人権侵害を明確に論じながら、公式謝罪と被害そのものにたいする賠償を被告・国側に命じなかった点はきわめて残念である。損害賠償額が三十万円とごく低額であることも、「もう一つの民族差別」と糾弾されてもいたしかたあるまい（韓国挺身隊問題対策協議会「日本関釜裁判についての立場」一九九八年四月二十七日参照）。

さらに問題なのは元「挺身隊」原告の請求が「慰安婦」原告らの被った被害に比べると、その「性質と程度」に相違があるとして、すべて棄却された点である。原告たちの無念さとくやしさはいかばかりであろう。支援団体の「戦後責任を問う・関釜裁判を支援する会」の「判決に対する声明文」（九八年四月二十七日）によれば、彼女たちは裁判所ですさまじい怒りを爆発させたという。

そもそも戦時下の植民地朝鮮においては、「慰安婦」と「女子勤労挺身隊」は紙一重の差であった。最初、女子勤労挺身隊として動員され、その後、「慰安婦」にされた故・姜徳景《カンドツキョン》さん（昨九七年二月二日死去）の例が象徴的なように。「性奴隷」に狩りだされるか「労働奴隷」に動員されるかは、ある意味では偶然であったといってよい。その違いをあえて挙げるとすれば、「女子勤労挺身隊」は「慰安婦」よりもより年少であったことだろう。「関釜裁判」の「挺身隊」原告たちの連行時の年齢も、十二～十六歳で、やはり若い。

親元から遠く引き離された彼女たちを待っていたのは、猛烈な飢えと民族差別であった。「挺身隊」原告の一人、梁錦徳《ヤンクムドク》さん（三菱名古屋航空機製作所道徳工場に動員）は、ある日、バケツに残飯が捨ててあるのを目にし、思わず拾って食べようとバケツに手を入れたとたん、日本人女学生から靴で力いっぱい踏まれ、「この半島人」（当時、朝鮮人の蔑称）「このルンペン」とののしられた。

同じく「挺身隊」原告の朴小得《パクソドク》さん（不二越鋼材富山工場に動員）によれば、勤労動員された日本人女学生たちのおひつにはいつも八分目のご飯が入れられていたが、朝鮮人の女子挺身隊員らのおひつには半分しか入れられなかったという。かくも厳然たる民族差別が存在していたのである。

彼女たちが渡日した四四～四五年は、日本本土への空襲も激化し、疎開が本格化したころである。しかも、動員先は軍需工場で攻撃の的であり、危険きわまりなかった。

勤労動員された日本人の女学生さえ苛酷であったのに、帰国はもとより疎開も許されず、「女学校に入れる」といってだまし、連行されてきたあげく、「給料も来月あげる」とウソにウソを重ねられて最後まで働かされたのである。

先の梁錦徳さんと同世代で、同じ名古屋の軍需工場に勤労動員された、梁さんらの支援者・海江田美子さんは、こう書いている。

「私には工場から帰れば親がなぐさめの言葉をかけてくれお芋の一片も又、白湯《さゆ》も口にすることができました。心身共に深い傷を背負って帰国した後は、挺身隊イコール『慰安婦』の目で見られ結婚もおくれたとのこと、国家の謝罪や働いた給料が補償されたとしても深くつもった『恨《ハン》』はいやされないと感じます」（『関釜裁判ニュース』第一七号・一九九六年九月十六日）。判決はこうした「恨」をも一蹴《いっしゅう》したというほかかない。

ともあれ関釜裁判の第一審判決は、原告の血の出るような叫びと原告を支える支援団体の力と、日本内外の人権確立のたたかいによって、日本政府の法的不作為を責め、法的賠償の履行へと一歩を進めた。この流れを加速させることが、今後の戦後賠償運動の課題であろう。

この間の内外の動きは、法的責任回避の「国民基金」政策を拒否している。本判決もその一つである。

【註】

（1）国連人権委員会のラディカ・クマラスワミ氏によって出された性的暴力に関する報告書のこと。このなかで戦時中の「慰安婦」＝性的奴隷制度は国際法違反であり、日本政府は被害者の救済措置（金銭賠償や謝罪）と、加害者の処罰などをおこなうよう勧告している。

【付記】

関釜裁判は第一審で原告側の一部勝訴判決を勝ちとったが、二〇〇一年三月、広島高等裁判所は、元「慰安婦」原告逆転敗訴、「挺身隊」原告の請求全面棄却の判決をくだした。現在、最高裁に上告中。

［初出・『週刊金曜日』第二一八号・一九九八年五月十五日。
原題は「ちぐはぐな思いを残した関釜裁判判決」］

アジア連帯運動の前進

はじめに

第一回日本軍「慰安婦」問題アジア連帯会議（以下、アジア連帯会議と略記）がソウルの地で開かれてから早くも五年八カ月、日本政府による「民間基金」→「国民基金」攻勢との熾烈なたたかいを経て、いまアジア連帯運動は共通の目標のもと新たに大きなステップを踏み出そうとしている。

「慰安婦」（日本軍性奴隷制）問題を「金銭」問題に歪曲し、策動に策動を重ねつづけてきた「国民基金」政策の破綻はいまや明白となった。財団法人「女性のためのアジア平和国民基金」（略称は、国民基金ないしアジア女性基金）は、潔く敗北宣言を発し、この問題から撤退すべきときである。「施しはいらない、尊厳がほしい」との被害女性の血の叫びをふみにじり、相互の間に分断・亀裂・葛藤・不信の念を植えつけることに腐心し、狂奔した責任をとって日本政府は心からの謝罪と反省をおこなうべきである。

ほぼ四年に及ぶ「国民基金」にたいする被害女性と支援団体・支援者の粘り強いたたかいは、昨年（一九九七年）の台湾（中華民国）政府についで韓国政府をもついに動かし、金大中新政権による政策転換を促した。前政権の「罪を犯した日本が自らの責任で真相を明らかにし解決すべき」、「（金泳三大統領の）補償はいらない。真相究明をしっかりやってほしい」との発言の真意は「道徳的高い立場に立って日本政府の取り組みを促すことである。そのような韓国政府の立場からすれば、日本政府にあぁしろこうしろとはいえない」との姿勢は、結果的に日本政府の「個人賠償せず」の論に利用され、助けることになった。

ことし（一九九八年）二月に発足した金大中新政権は、日本軍「慰安婦」問題を人権問題として明確に認識し、「被害者個人に対する日本政府の補償措置が当然」との姿勢を公式に表明し、この問題への姿勢転換を鮮明に打ち出したうえ、日本政府による賠償実現までその立て替えをおこなう決定をくだしたのである（後述）。

二ヵ国間条約・協定を楯に頑強に個人賠償を拒みつづけていた日本政府にとって、これは根本的な政策転換を迫るものである。個人賠償せずを前提に、「補償に代わる措置」として考案され、強行された「国民基金」政策は完全に失敗し、行き詰まった。日本政府は、被害者や支援団体が一貫して主張している法的責任の履行に即刻、取り組むべきである。

一 「国民基金」政策の破綻、明らかに

韓国紙への〝奇襲〟的広告攻勢

ことし（一九九八年）に入ってすぐの一月六日、「国民基金」は、韓国紙に〝奇襲〟的な広告攻勢をかけた。「これがアジア女性基金（国民基金）の事業です。『慰安婦』として犠牲になられた皆さんに日本から補償（償い）の気持ちをお伝えします」をうたい文句にハンギョレ、韓国日報、日刊スポーツ三紙に全紙大（全面）広告をでかでかと掲載したのであった。

深刻な通貨危機にあえぐ経済不況をみこしてのこの露骨な広告攻勢は、「国民基金」の意図とは逆にかえって韓国内の結束を固めさせることになった。大学生の反論意見がハンギョレに直ちに寄せられたのをはじめ、挺対協（韓国挺身隊問題対策協議会）の共同代表金允玉《キムユノック》氏らの反論が相次いだ。とりわけ当の被害者ハルモニ（韓国語でハルモニとはおばあさんの意。尊敬を込めてこう呼ぶ）たちは、「韓国がもっとも経済的苦境に陥っているときを選んで」、卑劣な行為に出た「国民基金」への憤怒がおさまらず、掲載紙への抗議電話をかけつづけたという（一九九八年一月三日、挺対協共同代表・尹貞玉《ユンジョンオク》氏談）。

「国民基金」への憤りは、国際的な共同行動をも生み出した。挺対協によるハンギョレへの反論広告とそれへの台湾（台北市婦女救援社会福利事業基金会〈婦援会〉）、フィリピン（リラ・ピリピーナ、マラヤ・ロラズ）、日本（リドレス〈戦後補償実現〉国際キャンペーン'98）の当事者・支援団体の共同的取り組みで、同日二十三日付ハンギョレに左のような趣旨の全面広告を掲載するにいたった。

〝女性のためのアジア平和国民基金〟（略称〝国民基金〟）の欺瞞的な広告に驚きを禁じえません。

一月六日、国内三紙に日本の「国民基金」は奇襲的に全面広告を載せました。その広告は多くの読者に混乱を与えています。

日本の橋本総理の手紙と「国民基金」理事長の文を載せ、あたかも日本政府がお詫び金を渡し、賠償するかのように見せていますが、実際には日本政府は公式謝罪と賠償を全く行っていません。

民間次元の「国民基金」を通してこの問題をおおい隠そうとしています。

このような欺瞞的な広告に対して韓国と日本、台湾、フィリピンの被害者と市民たちは怒りを禁じえません。

そして、心と意思を合わせ、アジアの被害者たちが同じく連帯し、貴重なカンパを集めてこの広告を出すことになりました。〔以下略〕

結局、「国民基金」の広告攻勢は、被害当事国と被害者・支援団体のいっそうの憤怒をかきたて、「国民基金」が狙った分断・切り崩しは失敗し、かえって被害者―支援者の結束を強めさせることになった。

日弁連の勧告

三月六日、日弁連（日本弁護士連合会）は、一九九六年に挺対協、婦援会、リラ・ピリピーナ等五団体の代表から申し立てられていた人権侵犯申立事件にたいする調査結果の報告書（「従軍慰安婦国家賠償請求事件調査報告書」一九九八年二月十三日）を添付し、日本政府・橋本首相に勧告をおこなった。勧告の趣旨は次の通りである。

第二次世界大戦中に行われた「従軍慰安婦」とされた女性に対する加害行為は、国家・軍の関与のもとに行われたものであり、元「従軍慰安婦」たちの人格的価値を否定し、人間の尊厳を犯した行為である。

元「従軍慰安婦」に対して、財団法人「女性のためのアジア平和国民基金」（以下「国民基金」という）が、「償い金」を交付する事業を実施しているが、この「償い金」の交付は法的賠償ではなく、その交付だけでは不十分である。

国民基金は、韓国、台湾、フィリピンその他の国々において、「従軍慰安婦」及びその支援団体の支持を十分に受けられておらず、国民基金による「償い金」を受領した被害者の中にも、その不十分さを指摘する声がある。

そこで、日本政府は、政府として法的責任を明確にした上、被害者に謝罪を表明し、適正・可能な被害回復のための補償措置を含む立法解決を早急に検討すべきである。

在野法曹を代表する日弁連の勧告は、「国民基金」を明確に否定し、日本政府の責任のもとに法的解決がなされることを強く促したものである。

韓国政府の「政策転換」

三月十九日付『毎日新聞』朝刊は、一面トップで「従軍慰安婦問題『個人に補償を』韓国、前政権から外交姿勢転換　朴外相　日本政府に対し」と大きく報じた。昨年十二月、大統領に当選した金大中氏の政権は、新政権発足後一カ月足らずで、早々に、「道徳的優位」から韓国政府として賠償は求めないといった、前政権の姿勢を転換し、人権問題の見地から「被害者個人に対する日本政府の補償措置を当然」とする認識を明確に示した。小渕恵三外相の訪韓を前に、十八日、複数の日本報道機関と会見した朴定洙外交通商相の「会見要旨」から「従軍慰安婦」問題に関する部分を引用すれば次の通りである。

▽従軍慰安婦問題

日本政府が大国らしく率直に謝罪し、適切な補償措置をとっていれば、世界から評価され既に解決していただろう。新政権は、歴史の真実は明らかにし、人権問題として日本政府が被害者に対し直接対策をとるのが当然ではないかという立場だ。韓国政府が要求するというより、日本政府が自らすべきだ。国民基金のカネを被害者が受け取るかどうかは別の問題だ。

（『毎日新聞』一九九八年三月十九日付朝刊）

さらに三月二十九日、韓国政府は、日本政府による賠償実現まで、被害者にたいし、三千八百万ウオン（約三百六十万円）を四月初めに支給することを決定、被害者・支援団体の公的謝罪・法的賠償の要求を全面的にバックアップする措置を講じた。これにたいする日本の報道の反応はきわめてナショナルなものといえた。いわく「日本の民間団体『女性のためのアジア平和国民基金（アジア女性基金）』が進めている『償い金』支給事業に対抗するとともに、日本政府による補償をいわば肩代わりする性格を持っており、日韓間に新たな摩擦を引き起こす可能性もある」と（『毎日新聞』および『朝日新聞』三月二十日付朝刊）。

右の記事は、「国民基金」の設立経過（民間団体を装っていても、実際は国策団体として設立されている）や、同基金設立以来、さまざまな策動を重ね、当事国・当事者・支援団体との間に「摩擦」を引き起こしつづけている「国民基金」のあり方そのものに一顧だも払われていない点で致命的である（なお、「国民基金」の設立やその後のさまざまな策動について、くわしくは拙著『戦争責任とジェンダー』未来社、一九九七年を参照されたい）。

二 アジア連帯運動の成果と課題—第五回連帯会議に向けて

折しもこの四月十五〜十七日にかけて、第五回日本軍「慰安婦」問題アジア連帯会議がソウルで開催される。韓国挺対協主催で、主題は「今こそ日本政府の賠償で解決を！」である。挺対協による呼びかけ文の一節にこうある。

この度、ソウルで開催される第五回アジア連帯会議は日本の「国民基金」との闘いに一定の区切りをつけ、この間のアジア被害国による日本軍「慰安婦」問題解決のための運動の成果を整理し、評価する時間を設けました。さらに、今後、日本政府の賠償を実現するためのアジア各国の課題を深く論議しようと考えています。

わたくしは、幸い過去四回のアジア連帯会議に参加する機会をえた。今回も、日本側の発題者の一人として参加する予定である。発題レポートの題目は、「アジア連帯運動の成果と課題（メモ）」である。アジア連帯会議の歩みを振り返るためにまずここに同レポートを掲げることをお許しいただきたい（一部省略）。

アジア連帯運動の成果と課題（メモ）　（一九九八年三月二十八日記）

1　はじめに〔略〕

2　「慰安婦」問題が照らし出すアジアの家父長制——第一回アジア連帯会議

ここでアジア連帯会議に即して振り返ってみたいと思います。第一回連帯会議が開かれたのは一九九二年八月十〜十一日で、韓国挺身隊問題対策協議会（挺対協）とアジア女性神学教育院が主催し、韓国・台湾・タイ・フィリピン・香港・日本の六つの国・地域から女性たちがつどいました。

日本からは、在日韓国人女性グループを含む「日本軍〝慰安婦〟問題行動ネットワーク」と、「売買春問題ととりくむ会」のメンバー、およそ三十人が参加しました。

第一回連帯会議で、わたくしが特に印象づけられたことは、「慰安婦」問題は、会議に参加したアジアの女性たちにとって、「過去のこと」ではなくて、現在の問題として鮮明に認識されていたことです。この背景には、アジア地域への日本の経済侵略と、それとセットになっておこなわれているアジア女性への「性侵略」があったと思います。

軍事化・経済侵略・植民地化のすすむなか、依然として女性を抑圧している家父長制のもとで女性の権利は剥奪され、女たちへの性抑圧・性暴力がおこなわれている状況があり、「過去の問題」(「慰安婦」問題)に照らして、「性の暴力」がいま、問われねばならない、とのフィリピン代表の指摘が、改めて胸に強くひびいてきます。

タイ在住で、タイの人権問題に取り組んでいるインド人女性の発言も、わたくしの心に深くのこりました。彼女は、性暴力を生み出している土壌として「父権的社会状況」を指摘したうえで、いま、タイの村々でおこっていることについて、次のように指摘されたのでした。「軍事化・植民地化・資本化のなかで、女性はモノ化されていく。村々から若い女性たちが軍隊のために集められていく。村長が先頭に立って女たちが集められ、買春街に売られる。村は、その女性たちの収入によって支えられる」と。

女性たちの性を踏み台にして「国」や「社会」の「繁栄」を築いていこうとする思想や仕組みは依然として「健在」であることを強く認識させてくれるものでした。それらを男たちの政治と、家父長制ががっちりと支えていることも。第一回アジア連帯会議はアジアにおける、こうした性搾取と「男権・家父長制社会」の仕組みを鮮やかにかいまみせてくれたようにわたくしには思われました。

第一回アジア連帯会議は、日本軍「慰安婦」問題が、「過去の清算」にとどまらず、まさに「性暴力」の極致であり、原点的問題であることを強く刻んだ会議であったと思うのです。

3 「責任者処罰」が提起される――第二回アジア連帯会議

第二回アジア連帯会議は、一九九三年十月二十一～二十二日、日本において開催され韓国・北朝鮮（朝鮮民主主義人民共和国）・台湾・中国・フィリピン・インドネシア・日本の七ヵ国の女性たちが集まりました。この会議で注目すべきは、「責任者処罰」が韓国挺対協から提起され、決議文に盛り込まれたことです。挺対協が「責任者処罰」を提起した背景として次のようなことを指摘できると思います。

日本政府の「補償に代わる措置」というのは、つまりは、「補償はしません」ということで、また補償するもとになる犯罪の事実は認めず、責任も認めないということです。それにたいする強い反対・抗議の意思表明と行動提起が責任者処罰だったと思います。そのことにたいしてわたくしたち日本側は、あまりにも反応が鈍かったことを痛感します。責任者処罰は、この運動をやっている市民団体のなかでさえ当初は、いまさらなぜ責任者処罰か、いまそんなことをしたら名のり出る証人がいなくなってしまうのではないかといった反対の声が優勢だったのです。「慰安婦」犯罪に加担した人たち全部が責任者になるのかというとそうではありません。捜査の対象となり処罰されなければならない対象というのは、当時、「慰安婦」制度を企画立案し、これを執行するよう指示命令した重要な軍人、「慰安婦」を暴行および脅迫、欺罔《ぎもう》によって募集・連行することに大きな役割を果たした指揮官と民間業者たち、慰安所を管理運営した部隊の責任者たちと当初からうたわれていました。*1 一兵卒にいたるまで処罰の対象となるというのは思い違いでした。

もう一つ国際的なレベルで問題にされていたのが「不処罰による賠償責任」の問題です。「慰安婦」犯罪には当然、処罰されるべき責任者がいました。しかし、その責任者は処罰されてこなかったのです。そのことによって、被害者の人権は未回復の状態におかれてきました。責任者が処罰されてこなかったことによって権利が未回復の被害者には賠償される権利があるとみる理論で、これが不処罰による賠償要求論です。

加えて注目すべきは、挺対協はこの時点で早くも「慰安婦」問題が「戦争犯罪」としてよりも「金」の問題にすりかえられる恐れを察知していたことです。第二回連帯会議で韓国側の発題をおこなった李美卿《イミギョン》・挺対協総務（現在、国会議員）はこう述べられております。

「法的責任は被害者たちに対する賠償と責任者の処罰であるといえる。これまで法的責任は主に被害者に対する補償の問題が強調され、責任者処罰はほとんど度外視されてきた。その結果、強制従軍慰安婦問題が、戦争犯罪としての性格よりも、被害者たちに与える『金』の問題にすりかえられる傾向も生じている。従って今後は責任者処罰問題を強調する必要が提起される」（『〝奪われた名誉をとりもどすために〟第二回強制「従軍慰安婦」問題アジア連帯会議報告』一九九四年三月一日、六ページ）

これは、改めて重要な指摘であった、と思います。なぜなら、翌九四年には、「金」の問題にすりかえようとする、「民間基金」構想が打ち出されるのですから。韓国側の提起をこのときもっと深刻に受け止めていたなら、と悔やまれます。

4　責任者処罰と「民間基金」構想

一九九四年初夏、元「慰安婦」への「生活支援」のための「民間基金」構想が顕在化しました。呼びかけ人は、清水澄子さん（当時、日本社会党〔現・社会民主党〕参議院議員）、上野千鶴子さん（東京大学教授）ら十人の女性でした。最近の著書（『ナショナリズムとジェンダー』青土社、一九九八年）のなかで、上野さんは、「わたしは何人かの仲間たちと語らって、ひそかに生存者の生活支援のための募金運動をNGOとして組織する準備をすすめてきた。あまりに多くの困難と障害のためにこのアイディアはついに実現を見なかった」（同書二二四ページ。なお傍点は引用者）と述べていますが、これ自体、被害女性を救済のための募金運動の対象と見下し、国家犯罪告発者としての彼女たちの存在を矮小化する言動以外のなにものでもありません。国家的性暴力・組織的性暴力・戦争犯罪であった

「慰安婦」犯罪の本質を隠蔽し、金銭問題に歪曲するためにつくられた「国民基金」の先導役を清水・上野両氏らの女性が結果的にになったことは、日本の女性として無念の限りです。

責任者処罰を争点から巧妙に逸らし、「生活支援」を主要な争点とする兆しは、すでに第二回アジア連帯会議の折りに示されていました。たとえば、次の清水澄子さんの発言がそれです。「昨日の報告の中で、韓国挺対協の李美卿さんが、日本の運動に意見を聞きたいといって投げかけられた問題があります。日本の法的責任を問うとき、被害者に対する補償の問題が強調されて、責任者処罰はほとんど度外視されている。その結果、強制『慰安婦』問題が、戦争犯罪としての性格よりも、被害者へのお金の補償という問題にすり替えられる傾向があるのではないか。だから、今後は責任者処罰問題が本当にできるかどうか論議をしてほしいという提起でございます。私は、その問題提起にはまったく同感であります。しかし、今まで申し上げた日本の状況の中で、どのようにより多くの賛同者を作っていくかという運動の面で、この問題は長期的な課題としていくべきではないかと思います。〔中略〕長期的な問題と当面している問題とを、絶えず両面をやっていかなければならないと思います。そういう意味では今、生活の困難な元「慰安婦」の方々の生活をどう支援していくのかということも大変大切な課題です（前掲『〝奪われた名誉をとりもどすために〟』五二ページ）。「長期的な課題として」というのは、他の国はいざ知らず、日本では（とりわけ政治家用語では）「いまはやらない」ということとほぼ同義でしょう。「責任者処罰」を事実上タナ上げ・否定するものとして、「民間基金」構想が浮上してきたことに改めて注意を喚起しておく必要があると思います。

5 「民間基金」→「国民基金」反対で強く結束——第三回・第四回アジア連帯会議

「民間基金」→「国民基金」には、一部政府の出資金による医療・福祉の側面が途中で付け加えられましたが、すでに述べたようにそもそも個人賠償はおこなわないというのが前提になっていました。さらに個人賠償をおこなわないということの前提となっているのは「慰安婦」犯罪は国家犯罪ではないということでした。「慰安婦」犯罪というのは天皇の軍隊・国家による組織的な犯罪です。軍の指導部のみならず内務、外務などの各省庁・朝鮮総督府・台湾総督府その他の政府機関が総ぐるみでおこなった国家的組織的犯罪・性暴力です。さらにいうならばこの「慰安婦」犯罪のなかには日本の植民地支配と民族差別が凝縮されています。「民間基金」構想というのは、植民地支配・占領地支配や、国家的犯罪性を確認することから始まるのではなく、逆に否認するところから始まりました。

度々の繰り返しで恐縮ですが、「民間基金」→「国民基金」というのは、「慰安婦」犯罪はそもそも国家犯罪ではない。したがって国家の責任ではない、国家が賠償・補償すべきものではない、ただ気の毒だから一回限りの「一時金」（のちに償い金と称されました）を支給しましょう、しかしそれも民間からのいわば「善意」によって、「かわいそうなおばあさん」たちに「お恵み」してあげましょうと、これがその本質なのです。

第三回アジア連帯会議（ソウル・一九九五年二月二十七〜三月一日）、第四回アジア連帯会議（マニラ・一九九六年三月二十八〜二十九日）は、以上のようなもくろみをたくらむ「国民基金」に反対し、予想される分断・切り崩し策に抗し、強い結束を誓ったものでした。事実、悪質卑劣な行為が被害者や被害当事国の支援団体に次々と加えられました。そのいちいちを数えあげたならきりがありません。

しかし、「日本国民」の税金を湯水のように使ってのその工作はその不道徳性・犯罪性を次々と暴露され、[*2]結局、失敗に帰したのです。「正義」が「不正義」に勝ち、民衆の力が権力を圧倒したことをみなさんとともに心から喜びあいたいと思います。

6 わたくしたちの課題

最後に三つのことを述べて、このレポートを終えたいと思います。一つは、男権・家父長制社会のなかで、いまだに社会的制裁（スティグマ）を恐れ、「心の傷」（トラウマ）をいやされぬまま放置されているアジアの多くの「慰安婦」犯罪被害者（戦地強姦の被害者も含みます）の存在です。わたくしたちは彼女たちが国家犯罪の被害者として公けに認められ、その尊厳が回復される状況を一刻も早くつくっていかなければと思います。

二つめは、「慰安婦」犯罪を生と性にたいする犯罪・搾取として、また日本帝国主義・天皇制国家による人権侵害史として、挺対協共同代表の尹貞玉先生の言葉をお借りするなら、その事実をいかにきっちりと歴史のなかに整理し、位置づけていくか、女性史の一コマではなくて世界近現代史のなかにいかに跡づけていくかということがとても大事なことではないかということです。

三つめは、戦後四十数年間、「慰安婦」問題を日本社会内部で女性の人権問題として争点化できなかったことを問うことです。「責任者処罰」が出されたとき、たじろぐばかりで素早い取り組みを組織できなかったわたくしたち日本人の戦争犯罪・戦争責任認識のあり方を問うことです。スペースの関係で細部にわたるご報告ができませんが、この点に関し論点のみを次に示したいと思います。

第一点は、侵略と加害の認識を欠落させてきた歴史認識と、被害者意識にのみ拘泥してきた戦争観です（↓**歴史認識・戦争観の変革**）。

第二点は、植民地支配にたいする反省の欠如です。日本は、台湾を五〇年間、朝鮮半島を事実上、四〇年間にわたって植民地支配してきたわけですが、一九五二年に締結された日華平和条約、一九六五年に締結された日韓基本条約において象徴的に示されているように、植民地支配にたいする反省も謝罪も償いもおこなっていません（↓**植民地支配・占領支配の清算**）。

第三点は、昭和天皇（ヒロヒト）の戦争責任が免責されたことです。ヒロヒトはあの侵略戦争の最高責任者でありました。これは歴史的事実です。認識の問題ではないのです。にもかかわらず、アメリカ側と日本支配層の共同工作ともいうべき巧妙な工作によって、天皇・天皇制の戦争責任が免除されました。そのことが日本人の戦争責任認識をたいへん曖昧にしてきました。日本が戦争責任をはたしてこなかったいわば象徴的存在として天皇がいます。「国民基金」呼びかけ人の一人である大沼保昭さん（東京大学教授）は、天皇であろうと、そのときまだ生まれていなかった子どもであろうと、だれでも等しく戦争責任を負わなければならないという主張をなさっています。[*3] しかし、そんなものではないと思います。わたくしたちの戦争責任というのは、戦争責任の第一義的な責任者、つまり今日の場合でしたら、日本政府にきちんとした戦争責任と戦後責任をはたさせることが、市民・主権者としての責任です。等しく分かちあうなんてとんでもありません。そもそも戦争責任にたいする度合いや性格が違います。大沼さんの論は、現代版「一億総懺悔」論とでもいうべきもので、非階級的、非科学的です（**↓戦争責任の追及・責任者処罰**）。

第四点はセクシュアリティの問題です。「慰安婦」制度は国家の性暴力・強姦システムであるのに、一部を除き、日本のフェミニスト・女性学研究者・女性史研究家たちの多くがこの問題にたいし消極的にみえます。「買春」やセクシュアル・ハラスメントやドメスティック・バイオレンスなど性暴力に関心の深い女性たちにさえその傾向がみえます。ようするに「慰安婦」制度・犯罪は、性差別に加え階級差別と民族差別が相互に絡みあっているので、多角的な視点とアプローチが必要だからでしょう（**↓性差別・階級差別・民族差別の構造的解明**）。

以上の課題に向けて、わたくしたち日本の女たちがどう取り組んでいくのか、いまこそ思想と実践がためされていることを肝に銘じてレポートを終えます。

【註】

（1）このことに関し、韓国挺対協総務・李美卿氏は次のように述べている。

◎責任者処罰について

問 韓国代表にたいして、「責任者処罰」対象者の範囲と具体的な方法論を聞きたい。

答（李美卿）昨日述べたように、私たちはこの問題が戦争犯罪であることを明らかにするために責任者処罰が必要だと考える。責任者の範囲については、戦争の犠牲者である兵士の処罰までは望んでいない。天皇については微妙な問題である。私たちの運動の中でも当然「天皇を処罰せよ」との声もあり、責任は天皇にまで及ぶと信じているが、方法論として、技術的に困難な点がある。今後、真相究明を通して、天皇が責任者だという事実が明らかにされることを期待している。具体的な責任者がだれであるかという点については、今後運動家と研究者の協力で命令系統を明白にすることによって可能になろう。

責任者処罰について、今それを具体化することが必要な時だと思う。宮沢政権は去る八月四日、日本国家としての責任を認めたが、それではだれに責任があるのかという点についてはさだかにしていない。日本政府はそれを明らかにすべきである。私たちが告発をした場合、検察がこれを受けるか否かは未知数であるが、告発をすることによって、日本政府が責任の所在と真相を明らかにする義務が生じる。

具体的には、裁判によってだれかを監獄に入れるというよりも、裁判の過程を通して、これが国際法からみて犯罪であることを認識させ、それによって、「補償に代わる措置」ではなく、正当な補償が必要であることを訴えたい。（前掲『〃奪われた名誉をとりもどすために〃』五五ページ）

（2）その一端はたとえば台北市婦女救援社会福利事業基金会（婦援会）執行長・何碧珍「施しはいらない、尊厳がほしい――台湾の戦争性奴隷生存者の要求」や、韓国挺対協共同代表・金允玉「『国民基金』は韓国で何をしたのか」（「〈再びの凌辱〉を許すな 許すな！ 『国民基金』・緊急国際集会（一九九七年七月二十七日、東京・学士会館)」の報告集に収録)等を参照。なお、前掲拙著『戦争責任とジェンダー』の二四〇〜二四五ページ参照。

(3) 大沼保昭「元慰安婦への償い　四つの柱」(『読売新聞』一九九五年六月二十八日付「論点」掲載)参照。

[初出・『未来』一九九八年六月号]

日本軍性奴隷制（「慰安婦」）問題の推移と課題

昭和天皇死去とともに争点化

日本軍性奴隷制（「慰安婦」）問題が本格的に争点化してから満九年が経過する。この稿ではまずこれまでの経過をたどっておきたい。

そもそものおこりは、一九八九年一月七日の昭和天皇死去の際、弔問使節派遣をめぐり韓国女性団体連合（以下、女連と略記）が「韓民族の虐殺者ヒロヒトの葬儀に弔問使節とはどういうことか！」という声明を発表し、抗日独立運動の象徴ともいうべきソウル・パゴダ（タプコル）公園で二百余人の女性たちが抗議デモをおこなったことに端を発する。このときの声明のなかで、女連は、「ヒロヒトは挺身隊をはじめとして、わが国の女性たちを無残に踏みにじった」とし、「日本は挺身隊をはじめ、過去の軍国主義の時代に犯した全ての罪科にたいして、韓国民に謝罪せよ」と要求したのであった。なお、念のため言うと、韓国では「挺身隊」というとき、ふつうは日本軍「慰安婦」（性奴隷）をさす。

翌九〇年五月、盧泰愚《ノテウ》大統領（当時）の訪日を前に韓国女性運動は再び動き出した。さきの女連に加え、韓国教会女性連合会、ソウル地域女子大生代表者協議会が連名で声明書を発表し、七項目にわたる「わたくしたちの要求」を突きつけたのである。それは以下のようなものであった。

一、日本政府は、軍事、経済、文化的な侵奪の意図を中断せよ。
一、日王（日本天皇をさす—引用者）は、日本がしでかした犯罪行為にたいして、公式に謝罪し、文書化せよ。
一、日本政府は、在日同胞の指紋押捺を撤廃し、在日同胞の地位を法的に保障せよ。
一、日本政府は、挺身隊にたいする卑劣な隠蔽を中止せよ。挺身隊問題の真相を糾明し、公式に謝罪せよ。
一、現政権は、民族自主の立場で、挺身隊および在日同胞の法的地位、戦争補償等の問題を解決せよ。
一、日本の良心的な勢力は、日本がしでかした犯罪行為の解決に先頭にたって努力せよ。

いまあらためてこれらの要求をみるときわたくしたち日本人は市民として主権者として自国の政府に何ほどのことを実現ならしめたのかと、忸怩《じくじ》たる思いを禁じえない。

さて、この年の秋（一九九〇年十一月）には、さきの三団体に多くの女性団体も加わって韓国挺身隊問題対策協議会（挺対協）が結成され、長年、この問題の重要性を訴えつづけ、粘り強い調査活動をおこなってきた尹貞玉《ユンジョンオク》・梨花女子大学校教授（当時）が会長に就いた（のち共同代表）。これより前には挺身隊研究会（現・挺身隊研究所）がつくられ、事実究明と証言発掘に乗り出す態勢もできた。

金学順さんの「告発」

翌九一年は、この運動が大きく前進した年であった。挺対協の呼びかけに支えられて金学順《キムハクスン》さんがこの年八月十四日、はじめて元日本軍「慰安婦」として名乗り出て、被害の実相を語りはじめたのである。

彼女の毅然たる語りと生き方は、人びとに衝撃とともに感動を呼びおこした。金学順さんは、「発言するまでは不安でした。悔いることや、生きることでの自信のなさがありました。しかし、発言してからは『いや、私も必要な人間だ』ということがよくわかったのです。発言するまでは自分のことすら解決できなかったのではないでしょうか。しかし、発言してからはそうではありません。自分のことばかりではなく、他の人の面倒をみるために一生懸命になれるようになりました。心が広くなったというのは、そういうことです」（解放出版社編『金学順さんの証言』解放出版社、一九九三年、四八ページ）と述べているように、カミングアウト（名乗り出）は、金学順さん自身の「解放」へのステップであり、その後の道のりは、国家犯罪告発者として共にたたかう仲間たち（元「慰安婦」被害者）のリーダー格、心の杖として人びとから敬愛を受け、その生を全うされたのである（金学順さんは九七年十二月死去された）。

わたくしは、この意味で、学順さんを「生の勝利者」と呼びたい。

さて、この間の日本政府の対応についてあらましを述べることにしよう。

盧大統領が訪日した翌六月（一九九〇年六月）、強制連行・強制労働調査の主務省庁であった労働省職業安定局の清水傳雄局長（のち同省事務次官を経て、KSD（ケーエスデー中小企業福祉事業団）汚職で有名となったものづくり大学理事長）は「慰安婦は、民間の業者が連れて歩いたもの」という発言を国会でおこなった。この清水発言は、結局九二年一月まで日本政府の公式見解として大手を振って歩いたのである。右の清水発言に典型的に示されたごとく、日本政府の姿勢は、公式謝罪・賠償はもとより進んで真相究明することとさえ怠ったものといえた。

いわばこの「知らぬ存ぜぬ」の姿勢がくずれるのは、九二年一月、軍と政府の関与・介入を明白に示す旧日本軍文書がお膝元の防衛庁防衛研究所図書館から出始め、この月の宮沢喜一首相（当時）の訪韓を前にタイミングよく『朝日新聞』が前記軍文書をスクープし、白日のもとにさらしたからであった。

日本軍「慰安婦」問題は、これでいっきに政治問題化するにいたった。

韓国挺対協による「国際化」戦略

ここまでをかりに「慰安婦」問題の第一期とするなら、第二期は、韓国挺対協による、この問題の国際舞台への提起に始まるといえよう。挺対協は、責任のがれの姿勢を取りつづける日本政府にたいし、いうならば「国際化」戦略を打ち出したのである。その第一弾として挺対協は、九二年二月、国際連合（国連）・人権委員会にたいし、申し立てをおこない、以下の要請をおこなった。

一、日本政府及び天皇は、この徴用において国際的に承認された基本的人権を蹂躙したことを認め、全責任をとること。犠牲者個人にたいし、韓国並びに他のアジアの国で同様の性的奉仕に徴用された女性にたいし充分なまた完全な謝罪を公開でおこなうこと。日本は名乗り出た数名の女性にたいし補償をするだけではなく、韓国女性にたいして犯した罪を認めると同時に亡くなった多くの者のため、国対国の賠償をおこなうべきである。

二、日本政府は、韓国政府およびこの徴用について調査を進めている関連国際グループに協力し、出来るかぎり完全な情報が得られるようにする。また、将来にこのような悲劇が二度と起らぬようにするため、その調査結果を世界に広く公表する。

三、日本政府はこの徴用を立証しようとする市民にたいし報復や脅迫がないよう保護し、支援する。

四、日本政府は全ての生存する「慰安婦」にたいし、充分にして妥当な補償をする。

五、日本政府は全ての「慰安婦」に敬意を表しこれを記憶するため、日本国内に慰霊碑（のち追悼碑と改めた—引用者）を建立する。また、新しい世代にたいし、他国の女性、市民を含めた人権尊重の教育をおこなう。

六、日本政府は学校の教科書に韓国国民にたいする植民地的抑圧の一部として、この徴用の事実を掲載する。

七、国連人権委員会は、この計画的、組織的な性的掠奪という人権の大量かつ長期的侵害及びその事実を隠蔽した日本の行為を国際的に非難するよう徹底的に調査する。

この申し立ては、国連人権委員会の取り上げるところとなり、とくに九四年には、「女性に対する暴力特別報告者」が人権委によって任命され（スリランカの女性法律家、ラディカ・クマラスワミ氏が就任）、専門的に調査・研究がなされることになった（その成果は、一九九六年四月、人権委で満場一致採択されたクマラスワミ報告書に結実した）。こうして日本軍「慰安婦」問題が「性奴隷制」として論議され、かつ武力紛争下における組織的性暴力・性犯罪の、〝原点〟的問題であるとの認識が国際舞台においても浸透していった。いうならば、「女性の人権」問題への国際的浮上・展開である。挺対協の「国際化戦略」とは、いいかえれば世界規模の「女性の人権化」戦略であったといってよいだろう（ここまでの経緯についてくわしくは拙著『従軍慰安婦・内鮮結婚』〔未来社、一九九二年〕、同『「従軍慰安婦」問題と性暴力』〔同、一九九三年〕、同『戦争責任とジェンダー』〔同、一九九七年〕を参照）。

右のような推移のなか、日本軍「慰安婦」問題は、韓国を起点に、台湾、フィリピン、朝鮮民主主義人民共和国（北朝鮮）、中国、インドネシア等の被害各国に波及し、それぞれの国の事情に応じて支援態勢も組まれていった。各国での被害者のカミングアウト（名乗り出）も相次いだ。各国のNGO・支援者の提携、連帯を強めるためのアジア連帯会議が韓国挺対協によって提案され、第一回会議を九二年八月にソウルで開催したのを手はじめに、以来、五度にわたる会議がもたれた（その詳細は、前掲拙著『戦争責任とジェンダー』および拙稿「アジア連帯運動の前進」〔『未来』一九九八年六月号〕本書一四四ページ参照）。

「国民基金」による「国家犯罪」隠蔽化工作

第三期は、いわゆる「民間基金」—「国民基金」構想が日本政府によって示され、右のような国際的関心が高まるなか、日本「国民」の「善意」と「償い」の美名をかぶせて、再び国家としての責任のがれを日本政府が図ったことから、被害者・支援団体との間で激しい「攻防戦」が展開された。九五年七月発足の「国民基金」は、「償い」事業をおこなうと言いつつ、その実は、「慰安婦」問題を「金銭」問題へと限りなく歪曲させたものであった。

「国民基金」はまた二つの意味で国家犯罪としての犯罪性を隠蔽化するものであった。

まず第一は、さきの金学順さんがそうであったように被害者は自らの尊厳を取り戻す過程で、被害者から「国家犯罪」告発者としてその位置を「昇華」させていった。こうして国家犯罪告発者として立ち現れた性奴隷制被害者を「国民基金」は、あわれみの対象とし、「慈善金」の受け手としてのみみなし、再び侮蔑視したのである。さらにこの間、猛烈な分断・分裂工作が支援団体・被害者間に向けて（なお許しがたいことに被害者同士の間に向けてさえ）、水面下でおこなわれ、「再びの罪」というほかない悪質卑劣な行為が次々と「国民基金」＝日本政府によって加えられたのである。

第二は、「国民基金」は、日本「国民」から日本軍性奴隷制問題が国家犯罪であることから目をそらさせるために仕組まれたという点である。東京裁判（極東国際軍事裁判）以来、裁かれずにきたこの女性にたいする国家犯罪・戦争犯罪としての本質が暴露されるのを恐れ、あわせて一部の市民運動・女性運動の「救済」運動への転化を狙ったものであった。この意味で「国民基金」とは、性暴力容認に貫かれ、かつ自国中心主義・帝国主義思想の具体的表現であったといえた。しかし、このほぼ四年にわたる「国民基金」との「攻防戦」もようやく終わりを告げようとしている。結局のところ、「国民基金」＝日本政府の策動は失敗に失敗を重ね、完全に行き詰った。被害者・支援者間の絆は、かえって雨降って地固まるのごとく固められた。

「国民基金」では解決されず、日本政府の法的責任の履行を求める声はいっそう強まってきている。被害者を支援する当該政府の態勢も整いつつある。昨九七年十二月の台湾政府につづき、ことし四月には韓国政府が支援金給付を決定し、五月七日には三百十二万円の政府支給金が支払われた。このことは暗に当該政府が被害者にたいし、心おきなく公式謝罪、国家賠償の要求をおこなえるよう側面支持をおこなったものといえる。いまや日本政府が「国民基金」政策を強行する大義名分は完全に消えうせたのである。

アジア連帯運動の成果

さる四月十五〜十七日、ソウルで開催された第五回日本軍「慰安婦」問題アジア連帯会議は、名実ともに「国民基金」の破綻が宣告され、日本政府の公的責任（真相究明・公式謝罪・法的賠償など）履行のための政策転換が強く迫られた会議であった。さらにこの間の運動の成果として次の七点が確認された（韓国挺対協国際協力委員長申蕙秀《シンヘス》氏の報告から）意義も大きかった。

一、歴史の陰に埋もれていた日本軍〝慰安婦〟問題を歴史の正面に引き出し、真相を明らかにするのに寄与した。
二、〝慰安婦〟被害者たちが人間としての自尊心と誇りを取り戻すのに寄与した。
三、〝慰安婦〟制度、戦争中の強姦と性奴隷についての国民の認識を変えた。
四、政府に特別法を制定するようにし、生存者〝慰安婦〟に対する生活対策を設けた。
五、国連など国際機構および国際人権団体の公式調査と報告書採択を導き出すことによって、戦争中の女性の人権に対する国際的基準を確立するのに寄与した。
六、アメリカと韓国で日本戦犯入国禁止措置を築いた。
七、アジア被害国と日本との連帯形成を通し、アジア地域女性間の連帯、女性運動を強化した。

申蕙秀氏の報告は、最後に結論として、「私たちの運動は国内、アジア、国際的に女性人権についての従来の基準の認識を変え、被害者に対する支援、犯罪に対する処罰および賠償を要求することにより、人権意識を高めた。特に戦争中女性に行われた人権蹂躙の極端な形態として、日本軍〝慰安婦〟制度の実像を把握し、これに対する対策を追求することにより人類の歴史に再びこのような人権蹂躙があってはならないと戒めた」と結ばれている。わたくしもまったく同感である。十年近くに及ぶ運動は、女性の人権確立に向け、確実に前進したのである。

日本市民としての反省と責任

さてここでわたくしはあらためて日本軍性奴隷制が生まれた土壌・背景と、戦後五十年近くも、わたくしたちが住む、このほかならぬ日本社会で争点化できなかった理由について考えたい。

日本軍性奴隷制がかくもすみやかにつくられ、大々的に展開されたのは、まず第一に端的にいって日本女性の奴隷化がある。家父長制下の「家内奴隷」と公娼制下の「性奴隷」状況である。第二に「天皇の軍隊」における男性たちの「非人間化」が指摘できよう。中国人に「日本鬼子《リーベンクィーズ》」とか「東洋鬼《トンヤンキー》」とか恐れられたごとく、日本兵たちはまさに人間の皮をかぶった鬼として軍隊のなかで仕立てられていった。人間扱いされていない者がどうして他人の人権を思いやることができようか。天皇制国家の、内にたいする人権抑圧と非人間化は、外にたいするさらなる人権抑圧を引き起こしたことをわたくしたちはあらためて想起すべきであろう。

以上に加えて、「明治」以来、日本「国民」の心性に根深く植えつけられた民族差別・植民地差別の存在を銘記すべきであろう。日本軍性奴隷（「慰安婦」）制とは、右のような性差別、民族差別の土壌のもとに成り立ち、天皇の軍隊の組織的犯罪としておこなわれたことを重ねて記憶する必要があるとわたくしは考える。

では、このような明白な人権蹂躙、戦争犯罪であったにもかかわらず、この問題が日本社会で女性の人権問題、植民地支配の清算をも含む、戦争責任問題として内発的に問われ、争点化されずにきたのはなぜなのだろうか。

まず第一は、戦争責任のあいまい化が指摘できよう。戦争の最高責任者であった天皇や天皇制が責任を免れたばかりか、日本民衆がいわゆる「終戦の聖断」神話にみごとに欺瞞され、主体的な戦争責任追求を怠ってきたことが大きかろう。

第二に、戦後平和運動の果たした歴史的意義を認めつつも、やはり指摘されるべきは、「アジア」と「沖縄」への視点の不在である。日中戦争、アジア太平洋戦争がアジアの民衆にいやしがたい傷を与えた「加害の戦争」であったことを、戦後の平和運動は不当にも軽視してきたのではなかろうか。

第三は、フェミニズムの問題である。戦後の平和運動は、「もう、戦争はこりごり」との熱い思いに支えられた女性たちによってになわれてきたといっても過言ではない。戦争抑止の力を戦後の女性運動はそれなりに果たしてきたといってもよい。しかし、ここにも欠落していたのはアジアの民衆への「加害性」の認識であった。さらに指摘すべきは、女性平和運動の主流思想は、母性思想で、言いかえれば「聖母」思想であった。

加害性の認識の欠落と「聖母」思想からは、「慰安婦」の存在は決して自らに迫ってはこない。「慰安婦」は、「貞操」（男権家父長制社会が押しつけている道徳観念である）を「汚した」（汚された）女たちとして、自らとは無縁な存在とみなされてきたのではないだろうか。

戦後五十年がこのようであってみれば、いま今日に生きるわたくしたち自身があらためて問われているのは次の四点であろうと、わたくしは考える。

第一点は、侵略と加害の認識を欠落させてきた歴史認識と被害者意識のみにかたよってきた戦争認識を変革することである。

第二点は、植民地支配や占領地支配の実態を知り、清算をおこなうことである。

第三点は、昭和天皇の免責工作に象徴的に示されているように隠蔽され、封印されてきた戦争責任を明らかにし、責任の所在を明確にすることである。

第四点は、セクシュアリティをめぐる問題である。日本軍性奴隷制問題（戦場強姦も含む）は、性差別に加え、民族差別、階級差別が複雑にからみあっており、その構造的解明をおこなう必要がある。

日本軍性奴隷制問題をはじめとする戦後賠償問題は、たんに過去の清算にとどまらない。広くいえば、それは現在の人権回復をめざすものであり、平和を創りだす営みでもあろう。

［初出・『科学的社会主義』一九九八年八月号］

第四章

女性国際戦犯法廷

日本軍性奴隷制を裁く「女性国際戦犯法廷」へ

はじめに

いわゆる「従軍慰安婦」問題――今日、国際社会では「日本軍性奴隷制」問題という呼称が一般化しつつある――が、社会問題とりわけ女性問題として争点化してからすでに十余年が経過する。一九九一年八月十四日――韓国では八月十五日を「光復節（解放記念日）」と呼ぶが、その前日――に、韓国人女性のサバイバーとして初めてカミングアウト（名乗り出）した金学順《キムハクスン》さんはじめ、日本政府から何らの公的責任（公式謝罪・国家賠償など）をも得ずに亡くなられた被害者も多数にのぼる。

わたくしは、「慰安婦」問題が争点化する直前より、一日本人女性として、一女性史研究者として微力ながらこの問題に関与し続けてきた。わたくしのこの問題への当初からの基本的視点は、いわゆる「慰安婦」問題は、①女性の性的基本的人権への徹底的侵害事項であり、②他民族（アジア人）差別・蔑視意識が生み出した政策であり、③天皇を大元帥と仰ぐ天皇の軍隊（皇軍）の組織ぐるみの国家犯罪である、ということであった。

右のような重大な人権侵害、国家犯罪にたいし、いまにいたるも日本政府は一貫して国家としての法的責任を認めず、サバイバーたちが死に絶えるのを待っているといっても過言ではない。「国民基金」という文字通り、「国家」の責任を「日本国民」一般に転嫁し、「償い金」(一時金)という名の「見舞い金」を被害者に一方的、暴力的に支給することで問題の収束を図ろうとした愚策を除いて、日本政府は無為無策を通し続け、国際社会からの勧告をも一切無視し続けている。被害者の悲痛な叫びにも要求にも一顧だにしない。事実上の無視・無為・無策を押し通すことで、日本政府は、「不作為」の作為の罪を重ね続けていっているというほかない。

このような状況のなかで、一九九五年頃からいわゆる日本版「歴史修正主義」が台頭し、「慰安婦」被害者をはじめとする戦争被害者・犠牲者の存在を、日本人の記憶から抹殺すべく狂奔しており、昨今では、教科書攻勢をいっそう強め、二〇〇一年四月には彼ら「歴史修正主義」派による中学校社会科歴史・公民両教科書が文部科学省の検定を合格するにまでいたった。[*1]

この稿では、紙幅の関係もあり、この十年余の動きを詳細に論じることはできない。「女性国際戦犯法廷」が開かれるにいたる運動次元の主要な動きをたどってみることで、次なるステップへの道をともに模索できたらと思う。

1　東京裁判で裁かれなかったもの

戦時性暴力のサバイバーの出現——歴史を書きかえる

戦後の日本は、自らの手で自国の戦争犯罪を裁いてこなかった。東京裁判（極東国際軍事裁判）にしてもその他のBC級戦犯裁判にしても、いずれも連合国側による裁判であった。しかも、これらの裁判は、後述するようにさまざまな点で限界があった。

戦争中、日本の同盟国であり、同じ敗戦国でもあったドイツの場合はどうであったろうか。東京裁判に匹敵するニュルンベルク裁判は、英・米・仏・ソ連の四カ国の共同管理によって比較的、「公正」に進められ、しかもこの裁判が終了したのちも、ドイツではドイツ人自らが戦争犯罪人を訴追し、法廷の場でその罪を明らかにし、責任を問い続けている。日独の違いは、この一点だけ取り出しても際だっている。[*2]

一方、日本においては、東条英機以下、東京裁判によって絞首刑に処せられたA級戦犯七人をも「殉国」の志士として祭っている。ちなみに愛知県蒲郡には彼らを国難に殉じた英雄扱いとし、祭っている「殉国七士廟」がある。さらには「英霊」として靖国神社にも祭祀されているのである。のみならず彼らの遺家族には「国家補償」の精神により、手厚い慰労と援護金が与えられているのである。なお、付言すると、援護金や軍人恩給は、階級が高位の軍人であればあるほど、その額が大きくなる。[*3]

このような不条理かつ倒錯した戦後日本のあり方にたいし、一九九〇年代初めに告発の行動に立ち上がったのが、旧日本軍の性奴隷とされた元「従軍慰安婦」の女性たちをはじめとするアジアの戦争被害者であった。

彼女たちの「出現」は、それまでの歴史を大きく書きかえさせた。

彼女たちを歴史の闇のなかに封じ込めたとほくそ笑んでいた、この日本の権力者たちとその同調者、「記憶の暗殺者」たちは、彼女たちの「出現」に胸中、畏怖し、困惑したことであろう。

未決の戦争犯罪・植民地支配責任

東京裁判は、事実上日本を単独占領した米国主導で進められた。このため、米国の政治的思惑が終始一貫、裁判の帰趨を決定していた。陸海軍の大元帥であり、立法・行政・司法すべてにわたる「大権」の保持者であった昭和天皇を占領統治に利用せんがために免責したり、データを独占したいがために関東軍七三一・細菌戦・石井部隊の犯罪を訴追対象外にしたりしたのも右に述べたような米国の政治的ご都合主義によるものであった。

加えて東京裁判では、植民地支配にたいする責任がいっさい問われなかった。英・米・オランダなどの連合国も、日本と同様、植民地帝国だったからである。アジアの戦争犠牲者・被害者の問題がなおざりにされたのは、この植民地主義があずかって大きいといえよう。レイシズム（人種差別、民族差別）の存在も指摘されねばならない。

東京裁判で裁かれなかったのは、植民地支配にとどまらなかった。戦場強姦・性奴隷制などの女性にたいする性暴力・戦争犯罪もまた等閑に付されたのである。

2 「記憶」の隠蔽・歪曲・否定・抹殺――「国民基金」と日本版「歴史修正主義」の罪

戦時性暴力、すなわち女性にたいする戦争犯罪が東京裁判でまったくといっていいほど裁きの対象とならなかったのは、さきに述べたように植民地主義・レイシズムに加えて、性差別主義があったからにほかならない。連合国による四八ヵ所でのBC級戦犯裁判でも「強姦」「強制売春」「婦女誘拐」等の性犯罪で起訴されたのは、あわせて一七五件にすぎない。このうち性奴隷制にいたっては、オランダのバタビア軍事法廷によって日本軍人がオランダ人女性にたいする「強制売春」の罪で裁かれたスマラン事件など数例にとどまる。

右のごとく性奴隷制の被害者は、加害者の不処罰により、心身に受けた深い傷が何ひとつ癒されることなく、沈黙の半世紀を強いられてきた。

そのうえになおこの性奴隷制問題が大きな社会問題となった十年前から今日にまでいたる日本政府の一貫した不誠実かつ欺瞞的な対応・行為が、彼女たちの癒えぬ傷をいっそう疼かせている。

日本政府の不誠実かつ欺瞞的な対応・行為とは、重ねていうならば十分な真相究明をおこなうどころか歴史資料の隠蔽化・非開示の姿勢を取りつづけ、公式謝罪・法的賠償など公的責任を放棄し、加えて一九九五年には性奴隷制を国家犯罪として認めず、国家責任を回避するための「国民基金」を発足させたことである。「国民基金」は、国家の責任を「国民」の責任へとすりかえ、天皇制国家と軍隊が引き起こした国家犯罪としての性格を隠蔽化するものであった。さらにいえば、この問題を人権問題ではなく金銭問題へと歪曲し、矮小化させる意図をも有していた。

九六年夏頃から九八年春頃まで、「国民基金」の策動は峻烈をきわめた。許しがたいことに被害当事国の被害者と支援団体、さらに被害者同士を引き裂こうと図る分裂攻勢がすさまじく展開されたのである。が、この悪質きわまる歪曲・分断策動も、被害者・支援団体の結束を前に結局、挫折する。[*4]

しかし、この間、被害者と支援者は「もう一つの敵」とも直面しなければならなかった。「従軍慰安婦はなかった」「元慰安婦の証言は当てにならない」といったたぐいの事実の否定・歪曲・抹殺を図る、記憶の暗殺者たちの登場である。この日本版「歴史修正主義者」たちは、いまも根強くのこる「売春婦」差別意識を利用して、性奴隷制被害者の女性たちを「売春婦」呼ばわりし、「金欲しさ」のために名乗り出たのだと口汚くののしった。

こうした言説が、彼女たちに耐えがたい苦痛を与えるのを十分、計算しつくしたうえでの性的攻撃は、まさに「セカンド・レイプ」にほかならない。[*5]

「女性国際戦犯法廷」は、右のような「記憶」の隠蔽・歪曲・否定・暗殺者たちをも裁きの対象とするものだった。

3 「責任者処罰」論の提起

「責任者処罰」論が初めて公に提起されたのは、一九九三年十月開催の第二回強制「従軍慰安婦」問題アジア連帯会議においてであった。この会議で韓国挺身隊問題対策協議会（一九九〇年十一月結成。略称・挺対協）は、「補償に代わる措置」で法的責任を回避し、「金銭」での決着を図ろうとする日本政府の意図を鋭く見抜いて「責任者処罰」論を提起したのであった。

「責任者処罰」論の必要性を挺対協はこう位置づけた。法的責任は被害者たちにたいする賠償と責任者の処罰だが、これまで法的責任は主に被害者にたいする賠償問題のみが強調され、責任者処罰はほとんど顧みられなかった。このため性奴隷制問題が、戦争犯罪としての性格よりも、被害者たちに与える「金」の問題へとすりかえられる傾向が生じている。したがって今後は責任者処罰問題が強調される必要があるのだと。*6

この韓国側の提起にたいして会議では若干の質疑応答がなされた。なかでも注目されたのは、日本側参加者から「責任者処罰」対象者の範囲と具体的な方法論について問われ、それに答えた挺対協側の見解であった。

「私たちはこの問題が戦争犯罪であることを明らかにするために責任者処罰が必要だと考える。責任者の範囲については、戦争の犠牲者である兵士の処罰までは望んでいない」と述べ、ついで陸海軍の大元帥であり、戦争の発動者であった昭和天皇については「私たちの運動の中でも当然『天皇を処罰せよ』との声もあり、責任は天皇にまで及ぶと信じているが、方法論として、技術的に困難な点がある。今後、真相究明を通して、天皇が責任者だという事実が明らかにされることを期待している」と言及、さらに具体的方法等についてはこう答えた。「責任者処罰については、今それを具体化することが必要な時だと思う。〔中略〕私たちが告発をした場合、〔日本の〕検察がこれを受けるか否かは未知数であるが、告発をすることによって、日本政府が責任の所在と真相を明らかにする義務が生じる」「裁判によってだれかを監獄に入れるというよりも、裁判の過程を通して、これが国際法からみて犯罪であることを認識させ、それによって、『補償に代わる措置』ではなく、正当な補償が必要であることを訴えたい」[*7]と。

右にみられるように、「責任者処罰」にのぞむ挺対協の姿勢と見解は明快であった。第二回連帯会議は、この提起を受け、「責任者処罰」を決議文に盛り込んだ。

翌九四年二月、挺対協と被害者は、具体的行動をおこした。東京地方検察庁への告訴・告発状の提出である〔未受理〕。しかし、ここにいたって日本側の支援者・支援団体には戸惑いが広がった。「いまさら、処罰は無理」とか「そんなことをしたら名乗り出る証人がいなくなるのではないか」といった声が多数を占めたのである。「責任者処罰」論の提起は、図らずも支援者を含む日本人の戦争認識や責任意識をも炙り出したのである。[*8]

4 「民間基金」構想と国際仲裁裁判（ＰＣＡ）運動

「責任者処罰」論が提起され、挺対協が具体的な行動をおこす一方、日本社会では「民間」の女性たちが呼びかけ人になって元「慰安婦」の被害女性にたいする「生活支援」を図るという「民間基金」構想が企図、推進されようとしていた。[*9]

「民間基金」構想の兆しは、すでに一九九三年十月、日本で開催された第二回強制「従軍慰安婦」問題アジア連帯会議の折り、示唆されていたとみるべきであろう。日本側発題者の一人であった清水澄子氏（日本社会党〔現・社会民主党〕参議院議員）の発言があらためて注目される。すなわち清水氏は次のように述べた。正確を期すため、やや長くなるが会議録から引用する。

「昨日の報告の中で、韓国挺対協の李美卿さんが、日本の運動に意見を聞きたいといって投げかけられた問題があります。日本の法的責任を問うとき、被害者に対する補償の問題が強調されて、責任者処罰はほとんど度外視されている。その結果、強制『慰安婦』問題が戦争犯罪としての性格よりも、被害者へのお金の補償という問題にすり替えられる傾向があるのではないか。だから、今後は責任者処罰問題が本当にできるかどうか論議してほしいという提起でございます。私は、その問題提起にはまったく同感であります。しかし、今まで申し上げた日本の状況の中で、どのようにより多くの賛同者を作っていくかという運動の面で、この問題は長期的な課題としていくべきではないかと思います」「長期的な問題と当面している問題とを、絶えず両面をやっていかなければならないと思います。そういう意味では今、生活の困難な元『慰安婦』の方々の生活をどう支援していくのかということも大変大きな課題です[*10]」と。

右にみられるように清水氏の主張の力点は明らかに後段におかれている。

先に述べた、いわゆる「生活支援」のための「民間基金」構想が顕在化・表面化するのは一九九四年初夏のころであった。この募金計画を偶然知ったわたくしたち「従軍慰安婦」問題行動ネットワークをはじめとする女性グループは七月五日、参議院議員会館において呼びかけ人側の清水氏、広中和歌子・紀平悌子両国会議員、そして上野千鶴子氏（東京大学教授）と話し合いの会合をもった。呼びかけ人側で積極的に発言したのは、広中・上野両氏であった。「民間基金」構想は、国家の犯罪性と責任を隠蔽するものというわたくしたちの主張に、広中・上野両氏は、「日本国民」一人一人が、募金に応じることを通じ、さらに「基金は国民一人一人が加害者性に気づく行為」で「教育効果がある」といった趣旨のことを答えた。結局、議論は平行線をたどり、物別れにおわったことを覚えている[*11]。

前後して同年七月十日、韓国の被害女性十一人と挺対協は、オランダ・ハーグにある常設仲裁裁判所（The Parmanent Court of Arbitation　略称ＰＣＡ）での審理を求め、国際法廷での結着を図ることに踏み切り、十一月、日本政府にたいし仲裁裁判に応じるよう申し入れたが、翌年一月にいたり、日本政府は仲裁合意書（コンプロミ）締結を拒否し、国際法廷での裁きを忌避した。ちなみにＰＣＡにのぞむ被害者側の「請求趣旨」は次の七点であった。①真相究明、②法的責任の承認、③謝罪、

④賠償、⑤名誉回復するための追悼碑などの建設、⑥歴史教育、⑦加害犯罪行為に関する責任者の処罰。

この間、日本側の支援グループは、PCA運動への支援を軸に展開され、「責任者処罰」についての論議を徐々ではあれ、おこなっていった。[*12]

5　性奴隷制への国際的関心とクマラスワミ報告書

国家責任を否認し続ける日本政府にたいし、韓国挺対協は、早くから「国際化」戦略を打ち出した。一九九二年の国連（国際連合）への提訴以来、挺対協は、被害各国・加害国日本の当事者団体や支援団体と提携して、国際世論に粘り強く働きかけた。この結果、国連人権委員会をはじめとする国連人権機関やICJ（国際法律家委員会）などの有力な国連NGO（非政府組織）が関心を強めていった。

主なものに限っても、九三年六月の国連世界人権会議での「ウィーン宣言」、九四年六月の開発と女性アジア太平洋閣僚会議での「ジャカルタ宣言」、同年十一月のICJ報告書、九五年夏の北京・世界女性会議での「行動綱領」など、日本軍性奴隷制を含む、武力紛争下での女性への暴力（強姦・性的奴隷・強制売春・強制妊娠など）は国際人権人道法の基本原則の侵害にほかならず、犯罪者は訴追され、被害者には十全な賠償がなされねばならないとの認識が広範に深まっていった。[*13]

こうしたなかで九四年四月、スリランカの女性法律家、ラディカ・クマラスワミ氏が国連人権委員会の「女性に対する暴力、その原因と結果に関する特別報告者」に任命され、翌九五年一月、予備報告書を提出。この予備報告書の「(e)『慰安婦』」の最初のパラグラフはこう書き出されていた。「第二次大戦中の元『慰安婦』被害者が最近証言し、抗議しているのはまさにこの不処罰問題である」と。責任者の不処罰こそが日本軍性奴隷制問題の核心であることを鋭くついたのである。さらにクマラスワミ氏は、この問題が「過去」の問題ではなく、過去―現在―将来にわたるこの種の女性にたいする戦争犯罪の国際レベルにおける法的先例になるとの認識を示した。

この予備報告書に続いて九六年二月、クマラスワミ本報告書が発表[14]され、人権委員会は四月に満場一致で採択。この間、日本政府はなりふりかまわぬ各国代表へのロビー活動を展開し、クマラスワミ氏への個人的誹謗中傷を含む「秘密文書」を配布(のち回収)したのをはじめ、「虚偽・歪曲・隠匿」の発言、工作、情報操作を重ねた。残念ながら日本のマスメディアは右のような事実をきちんと報道しなかった。

クマラスワミ本報告書は、日本政府の法的責任について、明確に次のように指摘した。

「サンフランシスコ条約にしろ二カ国間条約にしろ、人権侵害とりわけ軍事的性奴隷制に関するものではない。〔中略〕条約は、軍事的性奴隷だった者によって提起された請求を含まず、かつ日本政府にはいまだ国際人道法の必然的違反による法的責任がある」。

また報告書は、日本政府の「国民基金」(アジア女性基金)について、法的責任を明確に否定するものと断じ、以下の勧告を日本政府にたいしおこなった（要旨）。

①慰安所制度の国際法違反と法的責任の承認・受容、②被害者に対するすみやかな賠償、③関連する歴史資料の完全開示、④被害者に対する書面による公式謝罪、⑤歴史教育、⑥責任者処罰、の六項目がそれである。

6　不処罰の循環を断ち切る――ゲイ・マクドゥーガル報告から「女性国際戦犯法廷」へ

一九九八年四月、韓国・ソウルで第五回日本軍「慰安婦」問題アジア連帯会議が開かれた。第五回連帯会議は、ここ数年来、被害者と支援団体を悩まし続けた日本政府の「国民基金」政策による「金銭歪曲」策動にとどめを刺し、より「高次元」へのレベルに運動を転換・展開していくことを誓う会議となった。[*15]

具体的目標としてクマラスワミ勧告の履行、国民基金の解散、国家賠償のための立法措置のほか、特筆すべきは「責任者処罰」にたいし、本格的かつ具体的な取り組みを決定したことである。すなわち共同決議文は、目標の第二項目で次のようにうたった。

二、真相究明と責任者処罰に一層努力する。具体的には以下の運動を展開する。

①「慰安婦」問題に関連する戦争犯罪者名簿をリストアップする。

②アジアの被害者を含む全世界の国に日本の戦犯の入国禁止措置をとるように働きかける。

③国際刑事裁判所の設置を促す。
④二〇〇〇年に開催が提案されている「日本軍性奴隷制に関する女性国際戦犯法廷」の開廷に協力する。
⑤真相究明と責任者処罰のためのネットワークを形成する。

裁かれぬままに戦後半世紀以上も放置されてきた日本軍性奴隷制にたいする「処罰」が具体化に向けてようやく第一歩を踏み出したのである。

さらに同年八月、国際人権委員会差別防止・少数者保護小委員会（人権小委員会）にゲイ・マクドゥーガル（法律家。アフリカ系アメリカ人）氏の報告書が提出された。「武力紛争下の組織的強かん、性奴隷制および奴隷制類似慣行に関する最終報告書」がそれである。ゲイ・マクドゥーガル報告は、クマラスワミ勧告の「責任者処罰」をさらに発展させ、性奴隷制の概念をもより明確づけた。ジェンダーの視点からの国際法の読みかえもさらに精緻さをました。たとえば、一九〇七年のいわゆるハーグ陸戦規約第四六条について彼女はこう述べている。

「［ハーグ陸戦規約は］第四六条で『家族の名誉と権利』に対する保護を保証している。これは、強かんの罪を含むものと解釈されるべきである。しかし、強かんを暴力行為ではなく名誉の侵害とする考え方は、この犯罪の暴力的本質を曖昧にし、焦点が加害者の、犯し、侮辱し、傷つけようという意図から、被害者が恥辱を受けるほうへと不適切にずらされてしまう」[*16]。また他の箇所でも次のように言及している。「人道法に、強かんを相変わらず名誉の毀損と規定するものがある現状では、強かんはまず、すべての人間の生来の名誉と尊厳に対する侵害と見なくてはならない。強かんを『女性の名誉』という差別的概念と結びつけると、被害の本質を矮小化する危険性がある。また、これは、被害者に対し恥という汚名を着せることを不注意にも受け入れることになる」「性暴力のサバイバーは、家族や共同体など被害者のことを何らかの形で『汚された』または『名誉を傷つけられた』と見る人々から排斥されたり、差別されたりすることが多く、それが社会復帰の妨げになる」[*17]。以上のように、マクドゥーガル氏は女性の視点からみごとな読み直しをおこなっている。右のようなジェンダー的解釈がマクドゥーガル報告書の特徴といえよう。

マクドゥーガル氏は、また「慰安所」を適切にもレイプ・センターと定義づける。[*18] それゆえ「慰安婦」とはレープ・センターにおける性奴隷であるとずばり言い切っている。

加えてマクドゥーガル報告書には、被害女性の痛みと苦しみにたいする深い共感と、いまに続く「戦時性暴力の不処罰の循環」を断ちきろうとの熱い思いとが脈打っているのである。

【註】

（1）一九九六年十二月に結成された「新しい歴史教科書をつくる会」（以下、「つくる会」と略記）は、女性差別・自民族中心主義（エスノセントリズム）・「国体」的天皇観の色濃い中学校社会科歴史・公民教科書を作成し、文部科学省の検定を通過させ、各地で暴力的な採択運動を展開している。「つくる会」教科書の内容の「ひどさ」については、筆者も執筆陣の一人であるＶＡＷＷ－ＮＥＴ Ｊａｐａｎ編『ここまでひどい！「つくる会」歴史・公民教科書』（明石書店、二〇〇一年）や拙稿「『つくる会』教科書運動とネオ・ナショナリズム」（『科学的社会主義』二〇〇一年八月号、本書所収）などを参照。

（2）日独の「戦後」のありようについては、粟屋憲太郎・田中宏・広渡清吾・三島憲一・望田幸男・山口定『戦争責任・戦後責任　日本とドイツはどう違うか』（朝日選書、一九九四年）が便利である。

（3）日本の戦争犠牲者援護立法は十五あるが、被爆者関係の二法を除き、「国籍条項」が設けられ、日本国籍以外の戦争犠牲者は、除外されている。「内外人不平等」と称されるゆえんである。ちなみに遺族援護法の目的は、「国家補償の精神に基づき、軍人軍属等であった者またはこれらの遺族を援護する」（第一条）と明確に「国家補償」をうたっている。詳しくは田中宏『在日外国人　新版』（岩波新書、一九九五年）参照。

（4）「国民基金」の意図・策動について、詳しくは、拙著『戦争責任とジェンダー――「自由主義史観」と日本軍「慰安婦」問題』（未来社、一九九七年）等を参照。

（5）日本版「歴史修正主義」派の、この当時の「反慰安婦キャンペーン」の悪辣さについては、差しあたり前掲拙著『戦争責任とジェンダー』を参照。

（6）李美卿（当時、韓国挺対協総務。現在、韓国国会議員）「強制従軍慰安婦問題対策活動と展望」、第二回強制「従軍慰安婦」問題アジア連帯会議実行委員会編・刊『〝奪われた名誉を取り戻すために〟』一九九四年、所収、六ページ。

（7）前掲『〝奪われた名誉を取り戻すために〟』五五ページ。

（8）「責任者処罰」の提起をめぐる日本側の対応、東京地検の告訴・告発行動について詳しくは、拙著『フェミニズムと朝鮮』（明石書店、一九九四年）所収の「『責任者処罰』論と『戦後補償』」参照。

（9）第二回アジア連帯会議で「責任者処罰」が決議される一方、同年（一九九二年）、女性十人の呼びかけ人（ただし呼びかけ人の一人、福島瑞穂氏は、九四年七月、支援団体の申し入れを受け、ただちに呼びかけ人をおりる）により、「『元従軍慰安婦』を支援する募金への呼びかけ（仮題）」がなされ、趣意書（案）まで準備された。その性格については①ＮＧＯの活動とする、②個人参加を原則とする、③関連諸団体との関係……国内及び国外の支援団体との活動に抵触しないよう配慮し、必要に応じて協力を要請する、とうった。募金の目標額として五億円を設定し、受取人は個人、被害補償ではなく生活支援金、一時金とする、旨を定め、募金窓口として日本赤十字社への委託、さらに個人の募金のほか、政府拠出金の要請などについて取り決めた模様である。一九九三年七月「実施計画の確定」からはじまり、翌九四年十一月の事務局解散までのスケジュール表も準備され、募金呼びかけに向けての動きが着々と進められつつあったようだが、結局、この「生活支援金」構想は、頓挫し、九四年八月三十一日の「村山首相談話」中の「民間基金」を原資とする「見舞金」贈与構想へと収斂されるにいたったと思われる。なお、参考までに当時の「趣意書（案）」を掲げる。

「元従軍慰安婦」を支援する募金への呼びかけ（仮題）
趣意書（案）

戦後四十七年たった今日、日本政府の謝罪と補償を求めて、はじめて自ら名乗りをあげた元従軍慰安婦の方々の存在に、私たちは強い衝撃を受けました。そして日本が過去に犯した罪の大きさと、それが現在に至るまで個々人に償われていない事実に、深い反省と痛みを感じています。

長い沈黙を破って名乗りをあげた元従軍慰安婦の方々の勇気に同性として敬意を払うとともに、筆舌に尽くしがたい苦しみを味われた被害者の女性たちに対して、日本人の一人としてなにかできることはないのだろうかという市民の思いは高まっています。

市民団体の中には、元従軍慰安婦訴訟を支援するネットワークが形成されています。政府に対して徹底した事実究明とそれを踏まえた謝罪および補償を要求する重要性は言うまでもありません。それを十分に認識したうえで、政府とは違うレベルで、市民としてなすべきことはないのでしょうか?

元従軍慰安婦の方々は既に高齢を迎えています。ことに戦後をようやくの思いで生き延びた元従軍慰安婦の方々には、身寄りもなく、故郷に戻ることすら叶わず、生活に苦しんでいる人々が少なくありません。この方たちが痛苦と貧困の中で生を終えるのを見過ごしてよいのでしょうか。

加害国に生を受けた私たちの側でもこの方たちの老境が少しでも安定したものになるよう、一人ひとりが思いを持ちよる具体的な行動として、全国的な募金運動を提案したいと思います。

このことが全てを償えるとは到底思えません。しかし、それは市民としての自発的な意思の表明であるとともに、こうしたささやかな誠意の表現を通じて、アジアと日本との関係を次代につなげるためでもあります。そして何より私たち日本人の良心のためであることを強調したいと思います。

ご理解とご支援をお願い申し上げます。

一九九三年　月　日

呼びかけ人

乾　晴美
上野千鶴子
紀平悌子
小池百合子
清水澄子
田中さと子
堂本暁子
樋口恵子
広中和歌子
福島瑞穂

（10）前掲『〝奪われた名誉を取り戻すために〟』五二ページ。

（11）前掲呼びかけ人の一人、上野千鶴子氏は、のちその著書『ナショナリズムとジェンダー』（青土社、一九九八年）の「あとがき」のなかで、「わたくしは何人かの仲間たちと語らって、ひそかに生存者の生活支援のための募金運動をNGOとして組織する準備をすすめてきた。あまりに多くの困難と障害のためにこのアイディアはついに実現を見なかった」（同書二一四ページ。なお傍点は引用者）と述べたことに関説し、一九九八年四月、ソウルで開催の「第五回日本軍〝慰安婦〟問題アジア連帯会議」における発題報告のなかで、わたくしは次のように批判した。「これ自体、被害女性を救済のための募金運動の対象と見下し、国家犯罪告発者としての彼女たちの存在を矮小化する言動以外のなにものでもありません。国家的性暴力・組織的性暴力・戦争犯罪であった『慰安婦』犯罪の本質を隠蔽し、金銭問題に歪曲するためにつくられた

『国民基金』の先導役を清水・上野両氏らの女性が結果的ににになったことは、日本の女性として無念の限りです」（前掲拙稿「アジア連帯運動の前進」〔本書所収〕、及び韓国挺身隊問題対策協議会編・刊『挺身隊資料集11　第五回日本軍〝慰安婦〟問題アジア連帯会議報告書』一九九八年、五六ページ）。

わたくしのこの批判にたいし、上野氏は『季刊戦争責任研究』第二六号（一九九九年冬季号）で反論をおこなっている（『民族』か『ジェンダー』か？——強いられた対立」）。そのポイントは次の四点である。①生活支援のための募金運動なら挺隊協《ママ》だけでなく他の支援団体も行ってきているのに、それだけで「被害女性を救済のための対象と見下し、国家犯罪の告発者としての彼女たちの存在を矮小化する」とどうして短絡できるのだろうか、②「生活支援」という言葉を注意深く使ったのは、政府でも国民代表でもないNGO（非政府団体）の市民が「謝罪」も「補償」する立場にないのは自明のことであり、むしろ市民としての連帯の意を示すためであったこと、③そのような非政府団体のアイディアを横領したのは政府であり、政府出資の「国民基金」という、市民団体とは似て非なるものをつくりあげたのはもっぱら政府の責任であって呼びかけ人にはないこと、④その程度の募金運動のアイディアなら、わたしが関与した動きがただひとつのものではなく、ほかにもあったこと（「『民族』か『ジェンダー』か？」一二三〜一二四ページ）。

上野氏は、ここでも意図的にすりかえをおこなっている。挺対協の募金運動と日本市民による元「慰安婦」の「生活支援」募金運動とは決定的に質が違うことを故意に混同させている。挺対協の被害者支援のための「募金運動」の眼目は、被害者が日本国家から正当な公式謝罪と個人賠償を獲得すべくサポートするために展開された活動である。第二に、被害者が、日本市民に期待しているのは、「生活支援」金の贈与ではなく、日本市民が日本という政治共同体を構成する一員として、主権者として自国政府に公的謝罪、国家賠償などの公的責任履行を求めていくことにある。これこそが連帯の第一歩である。第三にさきに掲げた「募金運動」の「趣意書（案）」や募金の性格・使途・方法などをみると、「生活支援」募金運動が「国民基金」の先駆けをなしたのは否めない事実であろう。上野氏は、前掲論稿の注釈で「さらにつけ加えれば清水澄子さんは社会党（当時）所属の議員として『国民基金』の推進側にいるが、わたしは『国民基金』への反対をあきらかにして彼女と立場を異にしている」（一一五ページ）と述べている。しかし、「国民基金」の策動が熾烈をきわめた九六～九七年段階で、上野氏は明確な「国民基金」反対の意思表示をおこなっただろうか。この当時に執筆された上野氏の長大な二論文「『国民国家』と『ジェンダー』――「女性の国民化」をめぐって」（『現代思想』一九九六年十月号）、「記憶の政治学――国民・個人・わたし」（『インパクション』第一〇三号・一九九七年六月）においても「慰安婦」問題について多く論及しながら「国民基金」批判はみられない。また「国民国家」を論じながら日本「国家」への責任にたいする論及が欠落している。これは「慰安婦」問題が何よりも国家的性暴力問題であることを不当に無視ないし軽視しているとしか言いようがない。

（12）ＰＣＡ運動について詳しくは、前掲拙著『戦争責任とジェンダー』及び「国際仲裁裁判を成功させ、個人賠償を実現させる連絡会」発行のリーフレット『国際「仲裁裁判」とはなにか』（一九九四年九月十五日発行）など参照。

（13）以上の経過について詳しくは、差しあたって前掲拙著及び拙著『従軍慰安婦・内鮮結婚――性の侵略・戦後責任を考える』（未来社、一九九二年）、『「従軍慰安婦」問題と性暴力』（未来社、一九九三年）、『女性史を拓く3　女と〈戦後50年〉』（未来社、一九九五年）、『女性史を拓く4　「慰安婦」問題と戦後責任』（未来社、一九九六年）を参照されたい。またＩＣＪ報告書は、九五年、明石書店より『国際法からみた「従軍慰安婦」問題』として日本語訳され、出版されている。

（14）クマラスワミ氏の予備報告書、本報告書の概要・意義については、差しあたり前拙稿著『戦争責任とジェンダー』参照。なお日本軍「慰安婦」問題を含むクマラスワミ氏の報告の主要部分は、二〇〇〇年、明石書店から『女性に対する暴力――国連人権委員会特別報告書』として翻訳出版された（訳・クマラスワミ報告書研究会）。

（15）第五回アジア連帯会議について詳しくは、前掲『挺身隊資料集11』参照。

（16）VAWW－NET Japan編・訳『戦時・性暴力をどう裁くか　国連マクドゥーガル報告全訳』凱風社、一九九八年、五三ページ。

（17）同前七六ページ。

（18）同前八四ページ。

【付記】

「女性国際戦犯法廷」について、より詳しく知るには、VAWW－NET Japan編『日本軍性奴隷制を裁く――二〇〇〇年女性国際戦犯法廷の記録』全六巻（緑風出版、二〇〇〇年～二〇〇二年）がある。その内容は、第一巻『戦犯裁判と性暴力』・第二巻『加害の精神構造と戦後責任』・第三巻『「慰安婦」・戦時性暴力の実態Ⅰ――日本・台湾・朝鮮編』・第四巻『「慰安婦」・戦時性暴力の実態Ⅱ――中国・東南アジア・太平洋編』・第五～六巻『女性国際戦犯法廷の全記録』である。このほかに法廷提出の専門家意見書、判決要旨などを収録した『日本軍性奴隷を裁く「女性国際戦犯法廷」意見書・資料集』（VAWW－NET Japan調査・起訴状作成チーム編、VAWW－NET Japan刊、二〇〇一年）、法廷の全記録を撮影し、六四分にまとめビデオ映像化した『沈黙の歴史を破って――「女性国際戦犯法廷」の記録』（ビデオ塾・VAWW－NET Japan制作、二〇〇一年）、『ハーグ最終判決』（同上、二〇〇二年、三三分）、及びVAWW－NET Japan編『裁かれた戦時性暴力――「日本軍性奴隷制を裁く女性国際戦犯法廷」とは何であったか』（白澤社刊・現代書館発売、二〇〇一年）、同『Q&A女性国際戦犯法廷』（明石書店、二〇〇二年）がある。

〔初出・『週刊　新社会』第一九〇～一九五号（二〇〇〇年二月～三月）、原題は「日本軍性奴隷制・戦時性暴力を裁く「女性国際戦犯法廷」に寄せて」(1)～(6)。のち注釈を加筆し、『戦時下の女性文学――女自らが問う戦争責任』大東文化大学人文科学研究所編集・発行（二〇〇一年十月）に「日本軍性奴隷制（従軍慰安婦）問題と『女性国際戦犯法廷』の意義」と題し、収録。本書に収めるに際し、一部削除〕

誰を、なぜ裁くのか

はじめに

この連載の第一二回目を本誌(『未来』)一九九八年六月号に発表してからはや一年半が過ぎ去った。この間、日本も世界もかつてないほどの激動に見舞われている。日本社会に限っても、ことし一九九九年に入ってから、戦争協力・推進法案の新ガイドライン法はじめ「国旗・国歌」法、盗聴法(通信傍受法)、国民総背番号制(住民基本台帳法改悪)、憲法改悪のための憲法調査会設置法など次々と成立し、右傾化と国家主義(ナショナリズム)が急速に勢いをましている。

本屋の店頭をのぞくと『諸君!』や『正論』など右派のオピニオン雑誌が目白押しで所狭しと平積みにされている一方で、「戦後民主主義」を代表した『世界』などは、ほんの数冊、申し訳程度に片隅におかれているといった状況が昨今の事態を雄弁に物語っている。

なし崩し的に米国への戦争協力体制が歩一歩ととのえられ、国内外の兵器・軍需産業が色めく一方で、イデオロギー的には天皇中心主義が大手を振って歩きはじめ、人びとを見えない管理網でからめとろうとしている。
かつてのアジア・太平洋戦争や植民地支配にたいする清算を何ひとつ果たさせることなく、再びわたくしたちは権力に手を貸し共犯者の役割をになうのか、それとも共犯者になることを拒否し普遍的な人権の立場に立って権力悪を裁いていくのかの、二つに一つの岐路に立たされていることを痛感する。
日本軍「慰安婦」（性奴隷制）問題をめぐるここ数年の状況もそれ以前とは様変わりしたようにみえる。一つは、日本政府による「女性のためのアジア平和国民基金」の設立で、これによって戦後賠償を求める日本国内の市民運動は分裂させられたとみるべきであろう。[*1] いま一つは「国民基金」政策による分断のすき間を縫うように急速に勃興した、反女性主義を伴ったウルトラ・ナショナリズムである。[*2]
後者にそくしていえば「戦場に強姦はつきもの」とか「慰安婦は必要悪」といった開き直った言説が臆面もなく次々と飛び出す始末である。ついさきごろ、防衛政務次官をクビに振った西村真悟衆議院議員の「強姦魔」発言などはそのほんの一端にすぎない。そうしたなかで彼らの言動は着実に浸透しはじめているとみるべきであろう。教科書会社に執拗に圧力をかけ、「従軍慰安婦」という言葉から「従軍」の二字を削除させたりするなどの実質的な「成果」をも、彼らは手にしている。さきの一連の反動立法の成立で、彼らウルトラ・ナショナリストはようやく「わが世」が到来してきたと、意気大いにあげていることであろう。

顧みれば、まことに二〇世紀は、戦争と暴力が牙を剥き出した世紀であった。実に多くの人命が戦争によって奪われ、老若の女性が戦場や占領地でレイプされ続けた。いや、現にされ続けているというべきであろう。

来るべき二一世紀を真に、戦争と暴力のない世紀へと、わたくしたちの力を結集すべきではないだろうか。

そのための方途の一つとしても、戦地強姦等の戦時性暴力や戦時性奴隷制（「従軍慰安婦」制度）における「責任者処罰」問題にたいし、いま女性や市民が取り組むことはきわめて有意義といえるのではないだろうか。

念のためにいうと「処罰」とは、報復ではないであろう。よいモデルは、中国侵略戦争において戦犯に問われた日本軍将兵らの少なからぬ人たちが、周恩来の指導する中国の戦犯裁判で、意識変革をおこない、進んで認罪し、良心を呼びさまされ、釈放されて帰国したのち日中友好運動の種を蒔いていったことである。身の毛もよだつ残虐行為を加え、中国人から「リーベンクィーズ」（日本鬼子）と恐れられた日本人兵士たちが、敗戦後、囚われの身となって撫順戦犯管理所でじっくりと過去の自らのなした罪業に向きあい、罪への認識を深め、反省を繰り返し、「人間」にかえったという歴史的教訓は、人間の未来に一筋の希望の光をさしてくれるものだ。

女性にたいする戦争犯罪の象徴ともいうべき戦地レイプ犯罪がいまも繰り返しおこなわれている

のは、端的にいって、この犯罪を犯罪として受け止めず、この犯罪をおかした責任者が処罰を免れていることに大きく帰因するであろう。

加えて第二次世界大戦後から今日にいたる超大国・覇権国家・超軍事国家（いま、米国は世界の軍需工場としてミサイルを含め、兵器生産だけでGDP＝国内総生産の二五％程度を占めているという）である米国の軍隊が韓国、日本の沖縄はじめ世界各地において引きおこし続けている性犯罪・性暴力が本格的に裁きの対象となっていないことも大きな要因をなしていよう。とはいえ、ここでは、米国軍隊の性犯罪・性暴力を直接の対象とするものではない。わたくしは、米国の良識ある女性と市民の手によって自国の戦争犯罪が裁かれることを心から期待するものである。

好むと好まざるとを得ず、日本社会を構成し、政治的共同体の一員である日本人の一人として、わたくしはかつてのアジア・太平洋戦争下において日本がおかしたアジアの女性たちへの戦時性暴力・性奴隷制の責任をまず問いただしたい。

1　「責任者処罰」序説——誰を、なぜ裁くのか

裁かれずにきた女性への戦争犯罪——周知のように日本人は自らの手で侵略戦争の犯罪人を裁いてこなかった。東条英機（元陸相・首相）らA級戦犯を含む日本人戦犯はかえって「護国」の「人身御供」「守護神」として靖国神社に祭祀、顕彰されており（ちなみに愛知県には彼らを祀る、その名も

「殉国七士廟」というのがある）、その遺家族はなんと「国家補償」の精神により国からの手厚い援護措置を受け続けている。したがってこの国では真の意味で「戦犯」は存在しないのである。

最大の戦争犯罪人である天皇は、主にアメリカ占領軍の政治的意図からその罪をまったく問われなかった。法的にではなく、一に米国の政治的ご都合主義によって、昭和天皇は戦犯訴追から免れたのである。そればかりか、敗戦前後、日本為政者・支配層によって「終戦の聖断」神話が巧みに創出され、いまにいたるもこの「聖断神話」が事あるごとに「国民」意識に刷りこまれ続けている。

このような戦争責任不問・戦後責任不在の政治風土・精神風土のなかで日本軍性奴隷制問題や戦地強姦などの戦時性暴力は半世紀もの長きにわたってまったく顧慮されずに推移した。一九八九年に韓国女性運動の告発を受けるまで日本のフェミニズム・女性運動さえその重大性を認識するにいたらなかったのである。まずこのことをわたくしたち日本の女性はあらためて深刻に受け止めねばならないであろう。

一九九三年十月の第二回強制「従軍慰安婦」問題アジア連帯会議（アジア連帯会議）において、韓国挺身隊問題対策協議会（挺対協）が責任者処罰の提起を初めて公けにおこない、その年末から翌年にかけて具体的行動を示した際、日本側の運動関係者の大半は否定的対応をみせた。戦争責任を自らの手で裁くチャンスが与えられたというべきであったのにわたくしたち日本人はまたもやそのチャンスを逸したのであった。それからほぼ四年半後の一九九八年四月の第五回アジア連帯会議においてようやく「責任者処罰」が主要な議題として討議され、共同決議文に盛り込まれたのである。[*3]

以上の経緯をふまえると、「責任者処罰」がもつ意味は、とりわけわたくしたち日本人にとって大きいといえよう。

東京裁判（極東国際軍事裁判）はじめ連合国による軍事法廷ではごくごくわずかの例をのぞいて性奴隷制、戦地強姦など女性にたいする戦争犯罪・性暴力は裁かれずにおわった。性差別・植民地支配・レイシズムがその背景にあったことを痛感せざるを得ないのである。一例をあげると、全連合国による裁判で「強姦・強制売春・婦女誘拐・強姦許容」で起訴された件数はトータルで一七九件にすぎない。[*4] 女性への戦争犯罪・性暴力は男中心社会ではまったく問題外におかれたといえよう。

さきにも述べたように近年、日本社会を跳梁跋扈した男権主義むきだしの「歴史修正主義」（歴史改ざん）＝ウルトラ・ナショナリズム派の根っこは日本軍性奴隷制問題に典型的に示される、裁かれずにきた女性への戦争犯罪否認と密接につながっている。表面は「女の時代」ともてはやされる昨今のマスメディアの一角に強固な男権主義言説が罷り通っている現状を日本のフェミニストは憂慮すべきではなかろうか。

「誰を裁くのか」――「誰を」についていえば、大元帥天皇を頂点とする陸海軍幕僚及び官吏（軍政のトップに立っていた陸軍大臣以下が「従軍慰安婦」政策に直接関与したことを示す文書は多数存在し、実証可能である。また天皇が直接関与ないし関知していたかどうかは現在調査中だが、もし直接関与が確認されなかったとしても軍政・統帥両面にわたる最高指揮官であった彼の責任は免れない）や慰安所設置の指示命令を与えた現地軍司令部の高位の軍人、女性たちの連行・徴集等にあたった指揮官、軍の委託を受け、その衝にあたり搾取を貪った民間業者、女性たちを監禁状態にし性奴隷として監視し、取り締まりにあたった憲兵隊などの責任者、戦地強姦を含む「粛正」や「掃討」「討伐」などの名でおこなわれた虐殺政策・作戦・行為の企画・遂行にあたった責任者等がまず処罰の対象となるであろう。

では罪を認め〔認罪〕、罪責を告白した人、今後しようとする人びとにたいする処罰はどうなるのだろうか。この点に関し、わたくしは一九九四年二月挺対協が東京地方検察庁に提出（地検側は受け取り拒否）しようとした「告発状」に述べられている次の見解が妥当なものと考える。

「わが告発人は、被告発人の中で、自分たちの罪を悔い改め、公開証言をした人々については処罰されないように願っている。万一、証言により処罰を受ける場合には、彼らの赦免のため努力するつもりである。なぜならば、彼らが自分たちの罪を告白し、事実を明らかにした以上、処罰の意味がないからである」[*5]。

なお念のため付け加えると当時は、高位軍人でなくても中曽根康弘元首相（当時海軍尉官）のようにインドネシアで慰安所づくりに携わり、戦後も自らの功績の一つとして公言している[*6]ような人物も当然、処罰対象に含まれよう。

「なぜ裁くのか」――第一に責任者を処罰することにより、女性にたいする国家の性暴力・戦争犯罪が確認されることである。このことにより被害女性の名誉と尊厳が、まことに遅きに失したといえども回復される。これまで被害女性たちは国家による性暴力（戦争犯罪）被害者として認定されず、事実上、放置・遺棄されてきた。さらに男権社会の性道徳イデオロギーである「貞操」観念に呪縛され、トラウマ（心的外傷）とスティグマ（社会的制裁）の苦悶の日々を送らされてきた。責任者の不処罰により国家犯罪たる事実と本質が隠蔽化され、国家責任が封印されてきたのである。その結果、被害者として当然受けるべき経済的賠償権も放棄されつづけてきた。ようするに国家犯罪の責任者の不処罰こそが被害者のいっさいの権利（被害回復措置、経済的賠償権）と尊厳・名誉回復の道を閉ざしてきたといえるからである。

第二に女性を含む日本の民衆は、自国権力の起こした侵略戦争の被害者という一面を有するが、アジアの民衆にたいする加害の戦争への「共犯性」をあわせもっている。共犯者としての戦争責任に加え、主犯である戦争指導者を免責し、戦争無責任の対応を取り続ける自国政府を半世紀以上にわたって許容し続けているという「戦後責任」もある。この意味で「裁く」という作業は、わたくしたち日本人の加害性と主体的戦争責任認識への形成を伴うことになるだろうからである。

【註】

（1）「国民基金」の本質ならびに分裂化工作などくわしくは拙著『戦争責任とジェンダー』（未来社、一九九七年）を参照されたい。

（2）ウルトラ・ナショナリストの一郭では、いまだに「慰安婦」犯罪が、女性にたいする基本的な人権侵害であることを認めようとせず、専らナショナリズムと反フェミニズムの立場から揶揄的にまた被害者的に「解釈」する。たとえば『産経新聞』のソウル駐在特派員の黒田勝弘記者は次のように書いてはばからない。

「……この間、日本を悩ましたいわゆる従軍慰安婦問題など、実は民主化に伴う性表現の大幅緩和や女権拡張の動きと密接に関係している……」(『産経新聞』九九年十二月十九日付「90年代の模索民主化の形4韓国」。傍点は引用者)。

(3) 第一回からのアジア連帯会議および第五回連帯会議以後の動きについてくわしくは、以下の拙著および拙稿類を参照されたい。

『「従軍慰安婦」問題と性暴力』(未来社、一九九三年)、「アジア連帯運動の前進」(『未来』一九九八年六月号。本書所収)、「日本軍性奴隷制(「慰安婦)問題の推移と課題」(『科学的社会主義』一九九八年八月号。本書所収)、「『慰安婦』(性奴隷制)問題の十年」(『わだつみのこえ』第一〇九号・一九九九年)。

(4) 法務大臣官房司法法制調査部『戦争犯罪裁判概史要』二六七ページ、拙稿「日本占領下フィリピンにおける『戦地強姦』と『慰安婦』」『女性・戦争・人権』創刊号、三一書房、一九九八年、四三ページ参照。

(5) 拙著『戦争責任とジェンダー』九〇~九一ページ参照。

(6) 松浦敬紀編著『終りなき海軍』(文化放送開発センター出版部、一九七八年)所収、中曽根康弘「二三歳で三千人の総指揮官」、同書九〇~九八ページ参照。このなかで、当時、フィリピン、インドネシア設営隊主計長であった中曽根氏は、インドネシアでの慰安所づくりについて、自慢げに次のように述べている。

「三千人からの大部隊だ。やがて原住民の女を襲うものやバクチにふけるものが出てきた。そんなかれらのために、私は苦心して慰安所をつくってやったこともある。かれらはちょうどたらいのなかにひしめくイモであった」と。

[初出・『未来』二〇〇〇年三月号。原題は、「『責任者処罰』をめぐって」]

「女性国際戦犯法廷」傍聴記

はじめに

去る十二月八日〜十二日（二〇〇〇年十二月八日〜十二日）、「日本軍性奴隷制を裁く女性国際戦犯法廷」が東京で開かれた。この「法廷」は、第五回日本軍「慰安婦」問題アジア連帯会議（一九九八年四月、ソウルで開催）において、加害国・日本の一員として発題報告をおこなった松井やよりさんによって提案され、討議・可決されたものである。

二〇〇〇年十二月の東京での開廷に向けて、国際実行委員会がソウルで発足（一九九九年二月。共同代表に尹貞玉、松井やより、インダイ・サホールの三氏を選出）、東京・ソウル・上海で合計五回の国際シンポジウムがもたれ、着々と準備が重ねられていった。今回の活動のなかで注目すべきは、若い人びとによる参加と活躍が目立ち、未来への希望と展望をわたくしたちに抱かせたことである。二〇〇〇年二月には日韓学生交流会が東京で開かれ、同年四月にはソウルにおいて三日間にわたる「学生法廷」が開催された。

この他、国際諮問委員会、検事会議、判事会議等が世界各地で逐次、開催され、「国際法廷」としての広がりをつくっていった。この間の運動をになった女性たちの活動には、めざましいものがあった。

今回、本誌（『未来』）から誌面を提供されたのを機に、この「法廷」について、以下、レポートをさせていただく。

1　三日間に及んだ法廷審理

開廷の前に

法廷会場となった九段会館（旧軍人会館）は、開廷前から熱気をはらんでいた。六十四人ものサバイバー（被害女性）たちが、病苦、高齢をおして、ここに来られているという。真相究明、公的謝罪、法的責任から逃避しつづけ、無責任をきめこんでいる日本政府によって裏切りつづけられているサバイバーは、この「民衆法廷」に多くの期待をもって、重たい足を運ばれたことであろう。

この「法廷」は、彼女たちの思い、期待を満たしてくれるだろうか、胸に一抹の不安がよぎったことは否めない。

心によぎったことは、もう一つあった。この日をまたず、逝った、「歴史の証人」たちのことである。わけても金学順《キムハクスン》さん（九七年十二月逝去）、姜徳景《カンドッキョン》さん（九七年二月逝去）、お二人の顔が浮かぶ。

九四年十一月ソウルの質素な借間に金学順さんを訪ねた折りの、金学順さんの毅然とした姿。「民間基金」構想が打ち出されたころのこと、きっぱりと反対の意志表示をなされ、これでは解決にならない、と静かな口調ながらはっきり述べられた。

姜徳景さんとの初対面は、九二年夏、長野県松代の証言集会に姜さんが来られたときのことであった。姜さんの激しい、涙ながらの証言を、このときはじめて聞いた。姜さんと親しく言葉をかわすようになるのは、九四年頃であったろうか。初めてお会いしたときの顔のけわしさは消えて、よほど穏やかな表情になられていた。このころ、「民間基金」構想が〃発覚〃し、その内容が明らかになるにつれ、韓国挺身隊問題対策協議会（挺対協）を中心に反対の動きが始まった。姜徳景さんは、挺対協メンバーとともに来日され、のち「国民基金」側の中心人物となる和田春樹氏（当時、東京大学教授）との話しあいの集いをもったことがある。わたくしは、この会にオブザーバーとして出席していた。

姜さんは、きわめて穏やかな口調で、まず、多年、和田氏が韓国の民主化闘争に助力したことを丁寧に謝したうえで、次いで被害者として、民間基金＝慰労金はいらない、と、きっぱりと伝えられた。条理を尽くした意見表明であった。和田氏はこれを何と聞いたのだろうか。九五年十二月、わたくしたちは、早稲田大学国際会議場で、「女性のためのアジア平和国民基金」反対！　国際会議を開いたが、ナヌムの家（仏教関係のサポートでつくられたサバイバーの女性たちの共同の家）のなかま、金順徳《キムスンドク》さんとともに姜さんが参加され、被害者として「慰労金」撤回・法的責任履行を力強く訴えられた。韓国のサバイバーのなかで最も若く、弁舌にもたけ、その一方、踊りと歌が大好きで、文字通り活動の先頭に立ってきた姜さんが、その帰国直後、肺ガン、それも末期のガンにおかされ、倒れたという知らせは、わたくしたちをひどく驚かせ、悲しませた。

ナヌムの家で、姜さんや金順徳さんたちは絵を習っていた。姜さんのどの絵もみる人の心を強く打つが、そのなかでもひときわ強烈なのが「責任者を処罰せよ」という絵である。

このたびの「法廷」の最も大きな課題の一つは、「慰安婦」制度＝性奴隷制責任者の法的裁き、つまり「責任者処罰」をおこなうことであった。

国家の犯罪をはじめて身をもって告発し、多くのサバイバーたちの勇気を奮いおこした金学順さん、責任者不処罰が自分たちの尊厳回復と法的正義を妨げているとし、「責任者処罰」を死の床においても訴えつづけられた姜徳景さん、お二人の姿がともにここにみられないのはまことに残念の限りである。

尹貞玉共同代表の開会の言葉

法廷は、この法廷を準備した国際実行委員会の共同代表である松井やより（加害国代表）、尹貞玉（被害国代表）、インダイ・サホール（女性の人権アジアセンター）の三氏の挨拶から始まった。

尹貞玉先生（韓国挺対協共同代表でもある）の挨拶は心に沁みるものであった。

「……一人ひとりの人生が無視された歴史を振り返ること。亡くなった方々の魂はいまだ安置されていない。名誉、尊厳を回復するために。この法廷は生存者のためにだけではなく、亡くなった方がたのために、またわたくしたちのためだけではなく、未来の女性たちのために開かれる……」と。

なんと含蓄のある言葉かと思いながら、わたくしはお聞きした。

主席検事による共同起訴状

裁判長格の判事、ガブリエル・カーク・マクドナルドさんによって開廷宣言がなされる。マクドナルドさんはアフリカ系米国人女性で、旧ユーゴ国際戦犯法廷前所長だ。

パトリシア・ビサー・セラーズ、ウスティニア・ドルゴポルさんの二人の主席検事によって共同起訴状が読み上げられる。セラーズさんは、アフリカ系米国人女性。旧ユーゴ・ルワンダ国際戦犯法廷ジェンダー犯罪法律顧問。ドルゴポルさんは、一九九四年十一月、ICJ（国際法律家委員会）のメンバーとして被害女性の立場に立った報告書（のち『国際法からみた「従軍慰安婦」問題』として明石書店から刊行）をまとめた専門家としてわたくしたちにはすっかりおなじみの女性法律家。現在はオーストラリア・フリンダース大学教員である。

まず、セラーズさんの起訴状朗読。日本軍性奴隷制の国際法・国際慣習法違反が明確に指摘される。次いで東京裁判憲章（極東国際軍事裁判所条例、一九四六年一月十九日制定）においても「奴隷的虐使」（第二章・第五条〈ハ〉項。いわゆる「人道に対する罪」の条項）の文字が挿入されていたことに言及し、当時の法に照らしても違法であることが指摘される。さらに、人を「所有物」として取り扱うこと、人を売ること、奴隷制に引き込むことへの犯罪性が、抑えた口調ながら厳しく糾弾される。セラーズさんは、法廷に先立って、こう述べていたという。「黒人奴隷の子孫」として「性奴隷」とされた元「慰安婦」たちの訴えには格別の共感を覚える、と（高橋哲哉「人道の罪を問う『人々の連帯』――女性国際戦犯法廷の意味」『東京新聞』二〇〇〇年十二月十四日付夕刊）。

半世紀前の東京裁判で、規定がありながら裁きの対象とされなかった女性への戦時性暴力にたいし、セラーズさんはずばり次のように指摘する。「強姦の罪」は、「戦争犯罪の中心に据えられ」、「人の包括的なものを破壊する」もので、当時から違法であると。「慰安所」、これをセラーズさんは、正しくも「レイプ・センター」（強姦所）と呼び、「身体が生きたまま、心が死んでいく場所」だと述べた。この言葉を耳にしたとき、わたくしはほんとうにその通りだ、と、胸のなかでつぶやいた。この会場にいるサバイバーの気持ちをセラーズさんは満身で理解していると思った。自分は黒人奴隷の子孫だから、性奴隷にされた女性たちに格別に共感する、といった彼女の言葉が深く心に刻まれる。

セラーズさんの追及は、いよいよ核心をつく。昭和天皇裕仁への責任追及である。彼女は、東京裁判の裁判長ウエッブの判決時の「付帯（別個）意見」を引きながら、天皇に権限がなかった、とする主張を否定する。ちなみにウエッブ裁判長の意見は、次のようなものであった。「天皇の権限は、かれが戦争を終わらせたとき疑問の余地がないまで証明された。戦争を終わらせたときと同様、戦争を始めるにあたって、かれが演じた顕著な役割は、検察によって導き出された否定できない証拠の対象であった……」（『東京裁判ハンドブック』青木書店、一九八九年、二六六ページ）。

セラーズさんは、統治権の総攬者であり、陸海軍の大元帥であった天皇裕仁が、性奴隷制・戦時性暴力を「やめさせる」という立場にありながら、彼がそれを怠ったことは罪であり、法的責任があると陳述。そのとき会場からは大きな拍手とともに歓声があがり、しばし鳴りやまなかった。

ドルゴボルさんが、セラーズさんのあとを受けて、これまでの日本政府の対応を厳しく批判する。真相究明、賠償、医療その他、日本政府の対応の不十分さが一つ一つ指摘されていく。日本政府が法的責任を回避するためにつくった「国民基金」（アジア女性基金）は、被害者の人権回復と救済にはならず、また日本政府が道徳と法律を区別して考えていることは問題があると述べた。わたくしはここで彼女が一九九五年七月、東京・国連大学で開かれたＩＣＪ国際セミナーで述べた発言を思い浮かべた。このころ、日本政府が盛んに宣伝文句にしていたことが、「国民基金」は、道義的責任を果たすためのものということであった。ドルゴボルさんは、「道義的責任」を言いつつ、法的責任を回避することこそ「不道徳」的だと批判したのである（詳しくは、『『道義的責任』の不道徳性」ＩＣＪ国際セミナー東京委員会編『裁かれるニッポン』参照、日本評論社、一九九六年）。

共同起訴状朗読後、各国検事団による起訴状陳述と証人（サバイバー）尋問（証言）が始まる。

各国検事団の陳述とサバイバー証言

検事団のトップを切って、韓国・朝鮮の合同検事団が登壇。サバイバーの女性たちが招かれ、ビデオも交えながら証言を始める。

一九四四年、十七歳のとき、中国へ連行され、解放後、帰る機会を奪われ、いまも湖北省武漢に住む河床淑《ハサンスク》さんの証言。「上海の工場で働かないか」とだまされ、漢口の慰安所に連れていかれた。軍医から強制的に性病検査を受け、二日目から兵隊の相手をさせられた。一日に何人もの兵隊をとらされ、「おしっこするのも痛かった」。河さんは、日本軍によって敗戦時、遺棄された中国残留の数多い朝鮮人サバイバーの一人として、今回の法廷で証言されるため初来日。

韓国からは多くの被害者のハルモニが来られたが、北朝鮮（朝鮮民主主義人民共和国）からは二人のハルモニが来日。そのうちの一人、朴永心《パクヨンシム》さんの証言。

朴さんは、一九二一年生まれ。南京大虐殺・大強姦の翌三八年、「工場で働けばたくさん稼げる」とだまされ、南京の慰安所へ。アジア太平洋戦争の勃発でビルマ・ラシオの慰安所、さらに日本軍玉砕の地・拉孟へ。文字通り、生死の境をくぐり抜け、生き延びた。「捕虜」として収容されたとき、朴さんは身籠っていたが、その子を生むことはかなわなかった。その後、永心さんは子を授けられなかった。産めない身体にさせられていたのであった。

この他にも、南北朝鮮の被害女性のハルモニたちによって、日本軍による残虐行為がつぶさに語られた。南北の検事団は、サバイバーたちの証言を要約してこう述べた。「慰安所にまっていたのは強姦だった。この地獄の苦しみから逃れるために自殺を図ったり、アヘンを吸って中毒になった人もいる。逃亡が失敗して、苛酷な刑、処罰が加えられたこともあった」。

中国からは、万愛花さんや、南京大虐殺のサバイバー（中国では幸存者という）楊明貞さんらが証言をおこなった。万さんは、証言途中で気絶。九二年の東京・カンダパンセで国際公聴会が開かれた折りも、彼女は話していて急に倒れられたことがあった。幸いことなきをえたが、いわゆるPTSD（トラウマ後ストレス障害）がいかに強く作用しているか、あらためて感じさせられた。万さんは抗日運動に参加中、日本軍によって拉致・監禁され、残虐な性暴力をしばしば受けられた。

同じく中国から来られた袁竹林さんの場合は、次の通りであった。袁さんは一九二二年生まれ。一九四〇年、すでに結婚していて娘がいた。貧しい家であったので、「いい仕事がある」といわれ、車に乗って着いたところ、日本兵が銃を背負って歩哨に立っていた。慰安所だと気づき、だまされたことを知り、抵抗したが、「バカヤロウ」とどなられ、頭をひどくなぐられた。いまもその後遺症に苦しんでいるという。「マサコ」という源氏名をつけられ、監禁状態に。逃亡を図ったが、すぐつかまり拷問を受けた。将校と思われる「ニシムラ」という名の軍人に気に入られ、彼から「性のオモチャ」扱いされた。娘が重病だという知らせがあって、ようやく一日だけ帰ることを許されたが、すでに娘は亡くなっていた。飢え死にであった。娘の遺体は、母がボロ布でまとってくれ、埋葬してくれたが、ニシムラが許してくれず、野辺の送りに立ち会えなかった。

台湾からは、原住民族、タロコ族のサバイバー、イアン・アバイさんらが証言。イアン・アバイさんは一九四四年、十七歳のとき警察官から、台湾駐屯の日本軍のために針子としてお国のために尽くせ、と駐屯地へ。働きはじめて数カ月後、ナリタという軍曹がやってきて山の中の洞窟に連れていかれた。そこでもう一人の軍人に引き渡された。その夜、その軍人にまっくらな洞窟の奥の方に連れていかれ、抵抗のすべもなく強制的に性交を強いられた。それから八カ月、「性奴隷」として「働かされた」。タロコ族では「処女性」が重視され、夫以外の男性と性関係をもつことは厳しく罰せられる、という。イアン・アバイさんは、自分は「汚い女」とみなされ、結婚もできず、洗たくなどの職にしかつけない、私の要求は、謝罪してほしい、肉体と心の傷の両方をつぐなってほしいと切々と訴えられた。そして最後に日本の若い世代に、あなた方の祖父の世代がどんなことをしてきたか、知ってほしいと。

東南アジアからもフィリピンはじめ多くの被害女性が来日し、証言された（マレーシアからは残念ながらサバイバーは来日されず、ロザリン・ソウさんがビデオ証言。蛇足ながらわたくしは、一九九六年四月、中原道子さんのご案内で、マレーシア・ペナン島にロザリンさんをおたずねしたことがあるが、笑顔の素敵な方であった）。

インドネシアのスハナさんの証言。一九四四年、十七歳のとき、両親が留守中、数人の日本兵がやってきて銃を突きつけられ、ジープに乗せられた。着いたところは、元オランダ軍将校用住宅で、そこを日本軍が専用の「慰安所」として使用していた。脅迫のため、逃亡できず、また逃亡した場合は、憲兵隊本部で見せしめのリンチが容赦なく加えられた。母は、娘が行方不明になったショックで寝こみ、そのまま病死。父は、スハナさんを探しに憲兵隊を訪ねたが、慰安所近くの路上で日本兵に刀で刺し殺された。

東チモールからは初めてサバイバーが来日。エスメラルダ・ポエさんとマルタ・アブ・ベレさんのお二人である。

一九四二年二月、日本軍は、東チモールのディィリに上陸。連合国側のオーストラリア・ダーウィンを攻撃するために日本軍はディィリを占領したのであった。ポエさんとベレさんは、こう証言した。日本兵から服を脱がされ、ベッドに連れていかれた。両親は止めようとしたが、殺すといわれ、手が出しようがなかった。やぶのなかに隠れていたら、みつけられ、吊るされるなどの罰や、川に落とされたりされた。日本兵から次々とレイプされ、動物のように扱われた。それでも日本兵のところに行かないと、両親が殺されることになるので、従わざるを得なかった。最後にポエさんは、誇り高く「わたしたちがほしいのは正義。わたしたちは真実をいっている。ウソをいいに来たのではない。日本を見物に来たのではない。わたしたちは真実を語るために来たのです」と述べると、満場に拍手と感動が渦巻いた。

旧連合国側からは、インドネシアで日本軍によって抑留されているとき「慰安所」に連行され、性奴隷を強いられたオランダ人女性のヤン・ルフ＝オヘルネさんらが来日し、「慰安所」でのまさに性拷問ともいうべきようすをなまなましく証言された。

元日本軍兵士の加害証言

法廷三日目には、元日本兵二人の加害証言があった。二人はともに中国戦線にあって、最終軍歴は、曹長と伍長。敗戦後、戦犯として撫順戦犯管理所に送られ、周恩来の「罪を憎んで人を憎まず」という政策によって、管理所で自らの罪と向き合い、認罪・罪責告白をおこない、「日本鬼子《ルーベンクイーズ》」(中国人は、残虐な蛮行を繰り返す日本軍将兵をこう呼んだ)から「人間」へと生まれ変わった人たちだ。赦免されて帰国後、彼らは、なかまとともに「日中不戦」「日中友好」を掲げて、中国帰還者連絡会(中帰連)を結成し、今日にいたっている。

それにしても二人の元兵士の加害証言はすさまじかった。元曹長は、一九二〇年生まれ。二十歳の入隊当時(一九四〇年)、慰安所は中国各地に出来ていた。山東省を転戦。大隊駐屯地にほぼ二軒以上の慰安所があったという。一軒に朝鮮人「慰安婦」五~六人が連行されてきていた。最初は、「商売」で来ていると思っていたが、ある朝鮮人女性から「従軍看護婦にさせるから」と誘われ、いきなり慰安所に連れてこられ、くやしくて悲しくて逃げたいと打ち明けられた。四四年頃になると、戦局が不利になり、どうせ生きて帰れないならと思って慰安所通いを始めた。下士官として補充兵(三十歳以上の妻帯者が多かった)の助教となり、部下たちにも慰安所通いを奨励した。日本軍には、戦地強姦がつきものだったが、とくに敵性地区(八路軍=中国共産党軍が強かった地区)では、指揮官から「何をやってもよい」といわれ、「強姦はやり放題」だった。自分も「掃討」作戦中、ある集落を襲って、民家に侵入、七~八人の「老婆」を追い出して、一人の女性を強姦した。彼女は、身体中に汚物をいっぱいくっつけて抵抗したが、裸体にさせ拳銃を突きつけて脅迫すると、ワナワナと震え、真っ青となり、いうままに従った。元曹長は、最後に「戦場での性暴力について加害証言をする人は少ない。しかしこれについて語らなかったら戦争の実態を伝えたことにはならない。恥を忍んで証言した」と述べた。

元伍長も一九二〇年生まれ。山東省など中国各地を転戦。一九四〇年入隊。四二年、元伍長は、命令で部隊を巡回する朝鮮人「慰安婦」の護衛・運搬を同僚の兵士とともに担当。三人の朝鮮人女性は、絣の着物を着せられていた。古年兵は、女性たちに向かって「おれは、お前たちのために護衛をしているが、もし、八路軍に襲撃され、殺されたなら恥だ」といったという。日本軍兵士たちにとっては、女性たちは運搬される「もの」でしかなかった。次いで元伍長は、検事役の日本人弁護士に「慰安所は強姦防止に役立ったか」と問われ、こう答えた。「慰安所では、兵隊は一〇分ほどで一円五十銭払う。兵の給料は、一等兵で八円八十銭、二等兵で六円。そこから天引き貯金の五円が引かれる。払うのは馬鹿馬鹿しい。作戦に行った先で強姦すればタダ。自分も四三年頃、六人の兵で二十一、二歳の若い女性を輪姦したことがある」。そのころ、「産めよ殖やせよ」のスローガンがあったが、中国の戦地では、「（敵方の）女性は、子どもを産む。将来、子どもは日本軍に反抗するだろうから、女を殺せ」と命令され、「どうせ殺すのなら（その前に）強姦」ということであった、という。「こんなことは妻や娘の前では話せない」。撫順戦犯管理所での反省、認罪、罪責告白の結果、あえて証言している、と元伍長は胸中を語った。

右のごとく、慰安所と強姦は、メダルの裏と表で、一体化していた。日本軍は強姦防止のためと称して慰安所を設置し、同時に強姦行為をも黙認・許容していたのである。その意味で、「慰安所」

とは「常設強姦所」にほかならなかった。元首相、中曽根康弘は、当時、海軍将校としてオランダ領東インド（現・インドネシア）において、自らの発意により、慰安所を設置したことを自慢気に回顧しており（本書二〇七ページ参照）、その責任など一度たりとも考えたことがないだろう。加害証言を包みかくさずおこなう元日本兵士は、ごく少数であり、かえって彼らはウルトラ・ナショナリストたちから激しい攻撃を受けているのが日本社会の現実である。

2　判決

三日間にわたる審理を終え、翌十一日は、「現代の紛争下の女性に対する犯罪」国際公聴会があった（わたくしは所用があり、欠席したために残念ながらその模様が伝えられない）。

十二日、会場を日本青年館にかえ、いよいよ判決日である。判事は、前記のマクドナルドさんのほか、クリスチーヌ・チンキン（女性、英国、ロンドン大学国際法教員）、カルメン・マリア・アルヒバイ（女性、アルゼンチン、判事、国際女性法律家連盟会長）、ウイリー・ムトゥンガ（男性、ケニア人権委員会委員長、ケニア大学教員）の四氏である。

昭和天皇に有罪、日本政府に国家責任の認定くだる

判決の日、会場には緊張と期待感が入りまじっていた。固唾をのんで、判事たちの言葉に耳を傾ける。判事たちの使用言語は英語である。かわるがわる判事たちが判決要旨を読みあげる。読み進

められるにつれ、勝利が一歩一歩、近づいてくるのを実感する。

いよいよ「結論」部分に入る。天皇裕仁は「強かんと性奴隷制についての責任」等で有罪、日本政府に国家責任ありとの認定がくだされるや、満場に歓声が沸き起こる。会場の前の方は、総立ちになって、よろこびを身体中で表わしている。各国のサバイバーのおばあさんたちが壇上に登り、色とりどりのハンカチなどをかざしながら、その声援に応える。素晴らしく感動的な場面がしばらく繰り広げられる。なかには嬉し涙を流しているおばあさんもいる。拍手の音はなかなか鳴り止まない。尹貞玉先生も壇上の隅に立ってじっとよろこびをかみしめられているようだ。やがて促されて尹先生が壇上正面に立たれ、閉会挨拶をおこなう。開会挨拶では先生は英語で話されたが、今度は韓国語である。あいにく韓国語の同時通訳者が、この時には居らず、よくわからない。先生が挨拶するまえ、会場の韓国席の方からか、「ユン・ジョンオク、ユン・ジョンオク」と唱和する声が響いた。先生はいかにも照れくさそうに前に進み、ハルモニたちに語りかけるように静かな澄み切った声で話される。サバイバーの女性たちの同世代人（一九二五年生まれ）として、そして伴走者としてのこの十余年、尹先生は文字通り走り続けてこられ、この日を迎えられた。サバイバーの女性たちとともにまさに歴史をつくったのである。判決当夜、尹先生は、わたくしに電話をくださり、日本のみなさんにお伝えくださいと、次のようにおっしゃった。「ハルモニたちは、つらく苦しい生を今まで生きてきたが、この判決で生きたかいがあった、といっていいます」と。

判決要旨・勧告

さて、ここで判決要旨の内容について、少し紹介しておきたい。判決要旨の正式名称は「日本軍性奴隷制を裁く二〇〇〇年『女性国際戦犯法廷』検事団およびアジア太平洋地域の人々 対 天皇裕仁ほか、および日本政府認定の概要 二〇〇〇年一二月一二日」である（以下、引用する日本語訳は、VAWW－NET Japanによる。なお、最終判決文は二〇〇一年三月八日国際女性デーに発表される）。[*1]

判決要旨は、「沈黙の歴史を破って」「予備的事実認定」「法的認定」「結論」「勧告」の五章から成る。

「沈黙の歴史を破って」は、一九項から構成される。ここでは、判事たちがサバイバーの証言をいかに重たく受け止めたかが、遺憾なく披瀝されている。まずサバイバーの被害女性の勇気が、他の多くの性暴力被害者をも力づけ、心ある人びとや研究者たちを、正義の実現と女性の人権尊重に立ち向かせたか、また戦争や征服には女性への性的虐待がつきものだという観念打破にいかに寄与したか、が確認される。さらに、この「法廷」は、右のごとき性的虐待、性暴力、性犯罪にたいする不処罰と、法的責任の不履行によって、サバイバーの声がまたもや沈黙のかなたに追いやられてはならない、という確信から生まれたと述べられる。女性への戦時性暴力を「矮小化、免責し、周縁化し、不明瞭なもの」としてきた、これまでの歪んだ歴史を正し、いままで苦しさを嘗め続けてきたサバイバーたちが「残された年月を彼女たちが安らかに暮らすためには必要だという思い」から、この「法廷」は設置されたものであり、彼女たちに加えられたような「残虐行為が二度と起こることのないように、という希望と期待」がこの「法廷」にはこめられている、と法廷の意義が評価される。

加えて、この「法廷」は、地球市民社会の声によって創られた「民衆法廷」であり、その権威は、「アジア太平洋地域の、そしてまさに日本が国際法の下で説明責任を負っている、世界中の人々に由来」するものであって、それゆえこの「法廷」は、「国家が残した国際法違反の問題に踏み込むもの」であり、この「法廷」の力は、「多くの人権活動がそうであるように証拠を検証し、歴史に残る記録を作り出す能力にこそ存」し、そうすることにより、「最大の恥は法的責任を充分に認めず補償救済措置をとらないことにこそある、と日本政府が気づくようにとの希望」から発していると指摘される。

さらに判決要旨は、極東国際軍事法廷（東京裁判）等にも言及し、いわゆる東京裁判等において性奴隷制ならびに強姦という人道にたいする罪に天皇裕仁はじめ高官たちがその責任を問われず、いまにいたっている事実を強調。かくのごとき「不処罰の文化」にとどめを刺すべく、この「法廷」は、「不処罰を終結させ、女性の身体的一体性や人格の尊厳、まさに彼女たちの人間性そのものを無視して恥じない風潮を逆転させるための更なる一歩」だと、うたう。

第一八項は、サバイバーの沈黙からの〝登場〟と証言のもつ重みを判事団がいかにしっかりと受け止めたかが、語られている。全文を引用しよう。「証言を通じて一貫して語られていたのは、性暴力の被害者である女性たちの苦痛が、自らの地域社会に帰った時に人々から拒否されることで一層ひどくなるということであった。その悲劇の責任が彼女たち自身にあると見なす性差別的態度の結果、恥辱に苦しみ、沈黙を強いられてきたのである。この『法廷』が認定した事実は、責任が本当はどこにあるかを明確に認識するのに貢献し、いまだに世界中で支配的な性にかかわる固定観念を変えることに役立つであろう」。まさにサバイバーの存在と証言が、性差別社会を告発し、変革への緒をつくったことを、判事たちは正当にも認定したのである。

紙幅も尽きたので、「結論」中の天皇裕仁の有罪と日本政府の国家責任を認めた部分を紹介する。すなわち「『法廷』は、提出された証拠に基づき、検察団が被告人天皇裕仁について立証したことを認定し、天皇裕仁は共通起訴状中の人道に対する罪の訴因1と2である強かんと性奴隷制についての責任で有罪と認定する。また人道に対する罪の訴因3の強かんについても有罪である。さらに裁判官は、日本政府が、『法廷憲章』第4条が述べる意味で、『慰安所』制度の設置と運営について、国家責任を負うと判定する」（第三九項）と。

最後に判事団は、日本政府、元連合国（米・英・オランダなど）、国際連合にたいし、きわめて適切な勧告を発表している。これも全文を紹介しておこう。

日本政府に対して

一、完全で誠実な謝罪を行うこと。「慰安婦」に対し許しを請い、法的責任を認め二度と繰り返さない保障をすること。

二、法的措置をとり、生存者へ補償すること。その金額は加害行為の別に適切なものとすること。
三、適切な情報を出すこと。
四、人的な資源と機構をもって調査を行うこと。
五、生存者の尊厳を回復し、図書館、博物館、碑を建てること。
六、公式、非公式の教育制度を確立すること。教科書に記述すること。奨学金を補償し、若者に不法行為の事実を伝えること。
七、性の平等性を確立すること。
元連合国に対して
八、極東国際軍事法廷（東京裁判）で昭和天皇が訴追されなかった理由を述べ、全ての文書を公開すること。
国連に対して
九、必要な方策を講じ、日本政府が補償することを勧告すること。

いまや「地球市民社会」は、日本市民が自国政府にたいし、いかに罪を償わせ、女性の人権と「正義」実現に向けた措置を講じさせるたたかいに取り組むかを凝視していることを痛感する。

【註】

（1）最終判決文は、オランダ・ハーグにおいて二〇〇一年十二月四日に発表された。

［初出・『未来』二〇〇一年二月号・三月号。原題は「日本軍性奴隷制を裁く『女性国際戦犯法廷』の開催」］

「天皇有罪」の意義

去る十二月八日から十二日（二〇〇〇年十二月八日～十二日）まで、「日本軍性奴隷制を裁く女性国際戦犯法廷」（以下、「法廷」と略記）が東京で開催された。

「法廷」は、十二日、「昭和天皇有罪」、日本国家の「国家責任」を明確に認定し、「判決サマリー」（要旨）を発表。「法廷」の模様については、わたくしは別稿「日本軍性奴隷制を裁く女性国際戦犯法廷の開催」（上、下『未来』二〇〇一年二月号・三月号掲載、本書所収）に詳しく記したので、ここでは「天皇有罪」とその意義について絞って述べたい。

1　「判決サマリー」での裕仁有罪

「裕仁有罪」の認定概要

旧ユーゴ国際戦犯法廷前所長、ガブリエル・カーク・マクドナルド氏（女性）を首席とする四人の国際法専門家から成る判事団は、日本軍によるアジア太平洋諸地域の女性たちへの強姦と性奴隷制の罪を「人道に対する罪」と認定し、昭和天皇裕仁を「中核の被告人」と明確に断定した（VAWW－NET Japan訳「判決サマリー」第二三項による。以下、「判決」に関する引用・記述は、右「サマリー」による）。

「中核の被告人」天皇裕仁にたいする判事団の判定は、次の通りである。

「この『法廷』に提出された証拠の検討に基づき、裁判官は天皇裕仁を人道に対する罪について刑事責任があると認定する。そもそも天皇裕仁は陸海軍の大元帥であり、自身の配下にある者が国際法に従って性暴力をはたらくことをやめさせる責任と権力を持っていた。天皇裕仁は単なる傀儡ではなく、むしろ戦争の拡大に伴い、最終的に意思決定する権限を行使した。さらに裁判官の認定では、天皇裕仁は自分の軍隊が『南京大強かん』中に強かんなどの性暴力を含む残虐行為を犯していることを認識していた。この行為が、国際的悪評を招き、また征服された人々を鎮圧するという彼の目的を妨げるものとなっていたからである。強かんを防ぐため必要な、実質的な制裁、捜査や処罰などあらゆる手段をとるのではなく、むしろ『慰安所』制度の継続的拡大を通じて強かんと性奴隷制を永続させ隠匿する膨大な努力を、故意に承認し、または少なくとも不注意に許可したのである。さらに我々の認定するところでは、天皇は、これほどの規模の制度は自然に生じるものではないと知っていた、または知るべきであったのである」（「サマリー」第二四項）

右のごとき「人道に対する罪」の法的認定を経て、サマリー「結論」第三九項は、天皇裕仁に有罪判決をくだした。

「『法廷』は、提出された証拠に基づき、検察団が、被告人天皇裕仁について立証したことを認定し、天皇裕仁は、共通起訴状中の人道に対する罪の訴因一と二である強かんと性奴隷制についての責任で有罪と認定する。また人道に対する罪の訴因三の強かんについても有罪である」。

以上が、「女性国際戦犯法廷」判事団が、日本軍性奴隷制（いわゆる「従軍慰安婦」制度）及び強姦の罪についての天皇裕仁にくだした有罪判決の概要である。

サバイバーと女性・市民の連帯が「天皇有罪」を引き出す

昭和天皇裕仁（一九〇一―一九八九年）は、明治天皇睦仁の「皇孫殿下」として、幼少時より「帝王教育」と、やがては陸海軍を率いる「大元帥」としての軍事教育を受けて生育した。一九二六年、天皇の位を継いだ裕仁は、文字通り、統治統攬者として政治の主権を掌り、全軍を指揮・統率する最高指揮者として統帥権を掌握した。政治・軍事両面における最高責任者は天皇である、彼以外にはいなかった。

しかし、一九四五年八月の日本敗戦の直前より、体制派やメディアは、必死になって裕仁を「平和愛好者」とし、軍部のかいらいであったと、しきりに宣伝・工作を重ねた。その結果、「裕仁イコール平和主義者」という「神話」が、日本「国民」一般に広く流布し、浸透していった。八九年の裕仁死後、彼の一族（皇族）や側近であった人びとの日記や手記等の史料が続々公刊されはじめ、さらには研究者らによる裕仁研究が進展をみせるなかで、裕仁がコスモポリタンの平和主義者でもなければ、ましてや軍の「かいらい」などでは決してなかったことが浮き彫りにされていっている。

彼がいかに明確な「政治意思」をもった「君主」であったか、また軍事知識や情勢に通暁し、作戦や軍事的判断においても一級の「見識力」を有していた「大元帥」であり、国際世論（わけても欧米の国際世論）の動向に並々ならぬ関心と注意を怠らず、外交戦略を考えていた「外交家」であったかは、最近の日本内外における裕仁研究が詳細に論じているところである。

五十五年前の敗戦を機に「軍人天皇」から「平和主義者」へと衣がえし、巧みに演じて、自らと天皇家の存続に成功した天皇裕仁の「罪責」が、今回ようやく明るみに引き出されたのである。しかも、彼の名のもとに「性奴隷」にされたサバイバー（被害女性）たちの目の前で、裕仁の半世紀以上にもわたって隠蔽され続けてきた「罪」が、はじめて糾弾され、国際的な「法廷言語」によって「有罪」の判断がくだされた意義はきわめて大きい。サバイバーたちの声とそれに突き動かされ、目覚めさせられた世界の女性たちの、良識ある人びとの連帯が、判事たちに公正なジャッジメントをくださせたといえよう。

東京裁判における天皇裕仁不訴追に関わる全文書の公開を！

最高責任者であった天皇裕仁の罪が問われず、五十余年も推移したことは、戦後日本社会のありようを根本的に歪めた。新旧の、あるいはネオ、ウルトラ両方の「歴史修正主義」がいまだにはびこり、罷り通るのは、このありように由来する。

天皇の「罪」を、わたくしたち日本人が主体的に裁き得なかったことが、まず指摘されなければならないだろう。その意味で、このたびの「法廷」は、これが終わりではなくて始まりの第一歩である。天皇・天皇制の「罪」（それは戦前・戦中の神権天皇制のみならず、敗戦後の「象徴天皇制」の罪をも含む）を剔抉、追究し、裁く作業をわたくしたち日本人は主体的に取り組み続ける責任があろう。

第二に天皇裕仁の「罪」を、米国主導のもとに不問に付した旧連合国側の責任が問われなければならない。米占領軍が事実上、主宰したといってもいい東京裁判（極東国際軍事裁判）は、天皇裕仁を米国の占領統治に政治利用するため、彼を訴追しない工作を天皇側と重ね、ついに成功した。連合国側でも天皇の罪を問おうとするオーストラリア等の猛反対を押し切って、日米の支配層は強引に天皇の免責化を図ったのである。この意味でとりわけ米国の責任は大きいといえるだろう。

右の点に関して、さきの「サマリー」は、次のように述べる。

「二〇世紀のまさに最後に開催された日本軍性奴隷制を裁く二〇〇〇年『女性国際戦犯法廷』は、被害者（サバイバー）たち自身による、そして彼女たちのための、一〇年近くにわたる努力の頂点をなす出来事である。この『法廷』は、国家が正義を行う責任を果たすことを怠ってきた結果として設置された。こうした怠慢の責任の第一は、第二次世界大戦の連合国が一九四六年四月から一九四八年十一月までの極東国際軍事法廷〔東京裁判〕で、性奴隷制の証拠を保持していたにもかかわらず、このような犯罪に対して日本の責任者たちを訴追しなかったことに求められる。法廷が、ことに国際的に構成された法廷が、このように大規模な組織的残虐行為を無視することができたということは、きわめて不当なことと言わねばならない」

（「サマリー」第四項）

女性への戦時における組織的性暴力・性犯罪が裁かれなかった背景として、わたくしたちは、性差別主義やレイシズムの存在を指摘できる。数年前に日本社会を揺るがしたウルトラ・ナショナリズムの男権主義むきだしの「反慰安婦キャンペーン」などは、いまだに性差別主義（セクシズム）やレイシズムがこの日本社会に強固に根をはっていることをあらわに示した。

「サマリー」に戻ろう。第四項を受けて、第一〇項は、「法廷」の意義をこう指摘する。

「この『法廷』は、天皇裕仁を含む日本政府と日本軍の高官複数名について、人道に対する罪としての強かんと性奴隷制に不法があるかどうかを決定することが求められている。被告人の何びとも性奴隷制という事態から生じた罪状をかつて一度も問われたことが無い、という事実を強調することは重要である。この点で、この『法廷』は、極東国際軍事法廷、すなわち当初の〔東京裁判〕が行わなかったことを履行するために開かれている。従ってこの『法廷』は、当時、適用可能だった法を適用し、被告人を裁き、関連する〔東京裁判〕での法律と事実の認定を、確立されたものとして採用することとする」（「サマリー」第一〇項）

裁かれずにきた天皇の軍隊の組織的性暴力システムを解明し、その責任者であった天皇裕仁の「罪」を問うことは、女性への暴力の不処罰の循環を断ち切ることを意味する。「サマリー」は、この点についても、抜かりなく指摘する。すなわち第一六項、第一七項は次のように述べる。

「各裁判官は、人々の集団的意志と、市民社会における法の支配の根本的役割への深い尊敬の念からこの『法廷』に参加している。この『民衆法廷』は、国際法と国内法の要が、法的説明責任にあること、国際法の確立された規範を侵害する政策や行動について個人や国家の責任を問うことである、という確信に基づいている。このような行為を見過ごすことは、その再発を招き、不処罰の文化を維持することになる。この原則は、特に性暴力、ジェンダー暴力という犯罪への責任の問題に当てはまる」（「サマリー」第一六項）

「女性に対する性暴力には伝播性があり、戦争時にその頻度と残虐性が増加する。法廷の審理があきらかにしたのは、少女や女性に対する性奴隷の制度化が、日本軍の軍事行動の必要不可欠な一部分を成していたということである。この一〇年間、旧ユーゴスラビアやルワンダの国際戦犯法廷において、性暴力犯罪が認定され訴追されるというめざましい進歩を遂げてきた。この「法廷」は、不処罰を終結させ、女性の身体的一体性や人格の尊厳、まさに彼女たちの人間性そのものを無視して恥じない風潮を逆転させるための更なる一歩なのである」(「サマリー」第一七項)

日本軍性奴隷制・性暴力システムの最高責任者は昭和天皇その人だった。それゆえ彼が、旧連合国による戦犯訴追から免れたことは、性奴隷制や性暴力システムの犠牲者・被害者にさらなる苦痛を強い、そのうえスティグマ(社会的制裁)とトラウマ(心的外傷)の状況に彼女たちを追い込んでいったのである。「サマリー」が最後に付した「勧告」第八項目に、旧連合国にたいして、天皇裕仁が訴追されずにいたった理由と、それに関わる全ての文書の公開を求めていることはきわめて適切である。

[初出・『科学的社会主義』二〇〇一年三月号。原題は「『女性国際戦犯法廷』における『天皇有罪』の意義」]

ハーグ最終判決の意義
——ヒロヒト有罪と性暴力の視点から

ハーグ最終判決の発表

「皇太子妃雅子さま」の「お子さま」報道が連日、垂れ流されるさなかの二〇〇一年十二月四日、女性の人権をめぐる画期的な「判決」がくだされた。ＮＧＯ（非政府組織）の女性たちが中心となって二〇〇〇年十二月八日〜十二日、東京において開催された民衆法廷「日本軍性奴隷制を裁く女性国際戦犯法廷」（以下、「女性法廷」と略記）がオランダ・ハーグで再開廷され、その最終判決が発表されたのである。

翌五日付の『朝日新聞』は、三三面でこれを五段抜きで報じた。「お子さま報道」とくらべ比較にならないくらい小さい記事といえよう。が、最大部数を発行するＹ新聞などは、意図的としか思えないが、昨年の「女性法廷」についても一切、紙面に取りあげなかったくらいだから、日本の国内紙ではましなほうであろう。わたくしの知る限りＮＨＫや民放でも今度の最終判決のニュースは流されなかったと思う。本紙読者にもこのニュースに接しなかった方も多かろう。それゆえ、ここに前記『朝日新聞』記事を抜すい引用しよう。

【ハーグ4日＝久田貴志子】旧日本軍の慰安婦制度の責任を明らかにするため開かれた民間法廷「女性国際戦犯法廷」の最終判決が4日オランダ・ハーグで言い渡された。〔中略〕

日本や韓国などの非政府組織（NGO）が主催したもので、法的拘束力はない。しかし戦時中の性暴力の責任を明確にする目的があった。

最終判決は、慰安婦制度を「性奴隷制」と認め、広範囲に組織的に行われた場合は、「人道に対する罪」にあたるとした。そのうえで、昭和天皇については「国の最高責任者として十分な措置をとらなかった」として、有罪とし、東条元首相〔東条英機。陸軍大将。陸相を経て、一九四一年に首相〕ら軍幹部も有罪とした。

また、日本政府の責任についても、「民主的国家と主張するからには、この過ちと向かい合わねばならない」などとし、元慰安婦への補償の重要性を説いている。

さらに判決は、半世紀前には見過ごされた戦時下の性暴力が、93年に設立された旧ユーゴ戦犯法廷などで裁かれるようになったことに貢献する点で意義が大きいとした。〔以下略〕

昨年（二〇〇〇年）十二月の東京法廷「判決サマリー」（判決要旨）でも、昭和天皇ヒロヒトの有罪と、日本国の国家責任はすでに明確に認定されていた（「判決サマリー」の全文は、VAWW－NET Japan編『裁かれた戦時性暴力――「日本軍性奴隷制を裁く女性国際法廷」とは何であったか――』〔白澤社発行／現代書館発売、二〇〇一年十月発行〕に収録されている。なお、同書は、「判決サマリー」発表後、はじめて出版された「女性法廷」をめぐる評価集である）。

「女性」の視点に根ざした「民衆法廷」

ハーグ最終判決（口頭判決）の終わりは、心に響く、次の文章で結ばれている。

「私たち判事たちはこの判決を通し、日本軍性奴隷制の全ての被害女性たちに敬意を表したい。そして人生を再構築し、私たちの前で証言されたサバイバーの方々の強靭な精神と威厳を称えたい。サバイバーに対して犯されたこの犯罪は、未だに救済されていない第二次世界大戦中の不正義のうちの最大のものの一つとして残っている。日本軍性奴隷制の被害者には、博物館もなく、無名の『慰安婦』に墓碑もなく、未来の世代への教育もなく、そして裁きの日もなかった。正義を求めて闘うために名乗り出た女性たちの多くは、称えられることもない英雄として亡くなった。歴史のページに名前を刻まれるのは、犯罪を犯した加害男性たちであり、それに苦しめられた被害女性たちではない。この判決には、表舞台に出て自らの経験を語り、それによって、少なくとも四日間は、悪を断頭台に送り、真実を王座に据えたサバイバーたちの名前が記されているのである」

（ＶＡＷＷ－ＮＥＴ Ｊａｐａｎ訳・刊『ハーグ判決概要』二五ページ、二〇〇一年十二月四日）

昨年の東京法廷での判決の折り、韓国の被害者金銀禮《キムウンレ》ハルモニが「やっと正義が生きていることがわかったよ」と金允玉《キムユノック》さん（韓国挺身隊問題対策協議会常任代表）に洩らされた言葉（金允玉「女性国際戦犯法廷の成果と残された課題」、前掲『裁かれた戦時性暴力』一一七ページ）が象徴的に語っているように、半世紀を経てやっと被害者は法的正義を手に入れたのである。

「女性法廷」を非難する向きには、この法廷が「模擬法廷」であって、裁判の真似ごとにすぎないと、貶める人びとがいる。しかし、この手の議論は、従来の国家権力のみが法を使うことができるとする、法的枠組みから一歩もこえようとしない僻説であろう。

本来、法は（国際法も）、主権をもつ市民（民衆）のもので、国家（政府）が果たすべき法的義務を果たさないときは、市民（民衆）が事態に介入し、その実現をはかることができるものであり、これこそが法を市民の側に取り戻す営み（阿部浩己神奈川大学教授）なのである。加えて、「市民による市民のための戦争犯罪論」が構築されるべき[*1]だが、「女性法廷」はそのためのよきモデルを提示したといえよう。

判決は、ジェンダー的視点から国際法の基本的価値についても再解釈をおこなっている。次に紹介するパラグラフはその一例である。

「我々は強かんが当時の法の中に『〔家の―引用者注〕名誉と尊厳の毀損』〔一九〇七年ハーグ陸戦法規中の表現―引用者注〕という言葉で表されており、その表現は強かんを曖昧にするものであつて、そのような婉曲表現を使用することはもうできないと判断した」（前掲『ハーグ判決概要』一一ページ）。

女性に対する性暴力は、「家」の名誉と尊厳ではなく、女性への戦争犯罪であり、女性そのものの身体と精神の尊厳を犯すもの、という確固たる認識がこの判決全体に脈打っている。

第二に、日本政府が「公的かつ公正な損害賠償」について「継続的な不履行」をおこなっていることが再三にわたって論及されていることである。継続的侵害の事例として「国民基金」（「アジア女性基金」）が指弾される（前掲『ハーグ判決概要』二一〜二二ページ）。

三つめの特徴は、天皇ヒロヒト以下、最高位にあった軍事的指導者の戦争犯罪に対する刑事責任と日本政府の国家責任を明確に認定する一方で、復讐の連鎖を生み出しやすい「集団責任」の観念を排除していることである。前記『ハーグ判決概要』より引用すると、次の通りである。

「判事たちは、この『法廷』で日本の人々が裁かれるのではないことを強調する。国際人道法違反に対する個人の責任は、集団的罪過に帰せられることはない。本『法廷』はこの重要な原則から逸脱する意図を持たない」（二二ページ）

そもそも、この「女性法廷」運動は、犯罪責任者の「不処罰」の結果による「暴力の連鎖」を断ち切るため、また復讐ではなく新たなる和解と連帯を図るため、提起され、被害・加害両国の国境をこえた女性のネットワークでつくりあげてきたものである。判事（四人）、首席検事（二人）はいずれも第三国から選ばれた法律家たちである。被害女性の叫びに応答しようとする広汎なウーマン・ピープルズ・パワーが、この「法廷」実践を支え、権力の犯罪を世界的に明らかにし、裁いたのである。

ハーグ最終判決における昭和天皇の刑事責任認定の意義

ハーグ最終判決は、英文原文二六五ページから成る。あらためて、昭和天皇免責が、戦後日本のあり方、戦後アジアとの関係を歪める大きな原因の一つとなってきたことから考えると、ハーグ最終判決の明快な「ヒロヒト有罪・有責」は画期的意味を有する。

判事団は、提出された証拠（証言・文書資料）にじっくりと耳を傾け、丹念に読み込み、ヒロヒトの当時の地位と権力について十分研究を進め、適切な判断を下した。彼が軍のロボット、名目元首でなかったどころか、軍事・政治指導者として最高位の地位にあり、最高レベルの情報に通じ、権限を行使する地位にあったことを子細に証明づけ、結論を導いた。加えてヒロヒトは、「現人神」としての絶対的権威を有し（本書第二章参照）、将兵たちに絶大な影響力を行使していたことを銘記しておきたい。

ヒロヒトが強かんや性奴隷制などの人道に対する罪を「知るべき立場」にあり、また「知っていた」にもかかわらず最高責任者としてそれらの犯罪を防止・抑止し、処罰のための必要な処置をとらなかったことにより、人道にたいする罪で有罪とされた（「最終判決」八〇九・八一二・八一六～八三二項参照）ことは、過去のみならず、現在・未来における戦争犯罪抑止の「規範」となるであろう。

すなわち、武力紛争下でのこの判例（判断）が国際世論・常識化すれば、政治・軍事指導者たちは、戦争犯罪の防止・抑止に常に向きあうことを迫られ、結果的に市民による戦争抑止力が増すことになるからである。また、このことは、現在、米国を中心に世界中に軍事暴力を展開させているブッシュ米国大統領らの指導者たちが、遅かれ早かれ裁きの場に引き出され、ジャッジメントを受けることを意味しよう。

近代天皇制は、家父長制の権化であり、〈家族国家〉体制として出発した帝国日本は、天皇制（皇室）を〈機軸〉として膨張主義路線を突進した。家父長制はいうまでもなく〈男〉による〈女〉支配のシステムであり、一種の性暴力装置である。天皇制は家父長制の最高形態でもある。日本軍性奴隷制は、植民地主義と膨張主義、家父長制支配と性暴力主義の合体によって産み出された産物であり、その意味で近代天皇制そのものが「母胎」ともいえる。

ハーグ最終判決には、上記のような考察が、その性格上、試みられてはいないが、「ヒロヒト有罪」に関する条項にはまちがいなくジェンダー的視点が反映されている。

ハーグ最終判決における性暴力視点

事実の認識、用語などにたいするジェンダー的視点およびジェンダー観点による法の再解釈、法的発展が最終判決の随所に表れている。つまりジェンダー・ジャスティスの法的実現の思想が本判決を貫いているといえよう。

わたくしがとくに強く印象づけられた部分のみを言うと、「性奴隷制と強制売春」（六三四〜六三九

項）と題された箇所及び六六〇項にいたる箇所である。それをもう少し詳しく述べると
①「強制売春」が、本質的に性奴隷制と同じ行為を伴うにもかかわらず、同程度にひどい行為であることを伝える言葉ではなく、男性の見方に基づくものであること（六三六項参照）。
②同様に「売春婦」という用語自体の性差別性の指摘（同前）。
③いわゆる「買売春」問題（正しくは、性搾取・性暴力問題というべきだが）が、かつても今日においても、女性の側にあたかも問題があるかのように帰す主張への説得的な批判にもなっていることである。日本の言説市場に流通している「自由意思」を盾にした「買春肯定」論への、痛撃にもなっている（六三五項参照）。
④本判決は、「強制売春」、とりわけ「売春婦」という言葉のもつ性差別性に深く傷ついてきたサバイバーの状況、心情、「懸念」に深い理解を示し、「性奴隷制」という用語を随所できめ細かに提示し、定義化した。
⑤性奴隷制から「強制売春」「売春婦」という用語を切り離す判事団の判断は、性奴隷制被害者たちに加えられた残虐行為に対する日本国家の責任を否定する日本政府ならびにその同調者たちが執拗にそれらの語を用いてサバイバーに「汚名」を着せ、責任転嫁の具となしてきたという事実から考えて、適切だと思われる（六三五・六三七項参照）。
⑥とはいえ、上記の判断は、いわゆる「公娼」出身の元日本人「慰安婦」を性奴隷制の範ちゅうから除外するものではないことは明らかで（六四四項参照）、彼女らも日本軍性奴隷制被害者で

あることの法的論拠の一端が明確に示された。[*2]

⑦抵抗すれば殺されるかもしれない状況下での、受動的応諾は、性奴隷制の訴追を決して妨げるものではなく（六五三項）、対価の支払いが強制労働を自主的労働に変えるものでもない（六五七項）ことが、確かな法的言語をもって示された。これも「慰安婦」＝「売春婦」攻撃論者たちに痛棒をくらわすことになる。[*3]

⑧要するに、性行為を拒否する自由な意思が奪われていたこと自体が性奴隷制であるとの判断（六六〇項）は、きわめて妥当なものである。[*4]

以上、簡単ながら、ジェンダー視点から、条項の一部に焦点をあてて述べてみた。繰り返しになるが、ハーグ最終判決はジェンダー視点からこれまでの法理の叡智を総結集・再解釈し、集大成させた感があり、真に心を揺さぶる画期的内容である。性奴隷制」問題を反「性暴力」思想・運動の基本問題に据え、性暴力根絶への強い思想と希望がみなぎっている。

勧告の評価と実現の方法に向けて

全部で一七項目から成る勧告[*5]は、みな適切かつ具体的なもので、ここでこと細かに述べる必要はないだろう。わたくし個人としては、歴史研究・教育の一端に連なるものとして、資料公開・保存、事実究明、記録化、歴史教育、合同歴史研究・教材づくり（たとえば、わたくしの属する「女性・戦争・人権」学会と韓国・戦争と女性・人権センターが共同して取り組んでいる「日韓『女性』共同歴史教材編纂」

プロジェクトなど）に力を注ぎたい。

ハーグ最終判決には「損害賠償の継続的な不履行」の典型事例として前述したように「国民基金」（アジア女性基金）を挙げ、その犯罪性と欺瞞性が指摘されているが、[*6]「国民基金」を解体させない限り、前には進めず、解決はのぞめないだろう。あらためて日本社会における反「国民基金」の思想と運動を進めなければならないだろう。

勧告実現のためには草の根女性運動、市民ネットワーク、国際ネットワークをさらに強めること、がますます重要であろう。

この問題に関わった十年余のわたくしの狭い体験からみても、一九九〇年秋の韓国・挺対協結成、九一年夏の金学順さんのカミング・アウト、同年十二月の金学順さんらの東京地裁提訴などを通じて、日本でも草の根の女性運動が始まった。主なものだけ列挙しても、日本軍「慰安婦」問題行動ネットワーク（九二年結成）を中心とした韓国女性運動との連帯の開始、日本軍「慰安婦」問題アジア連帯会議（第一回・一九九二年〜第五回・九八年）を通じてのアジア連帯運動、九三年秋から始まった「責任者処罰」運動、九四年六月から始まったＰＣＡ（国際仲裁裁判）運動、九四年夏に発覚した「民間基金」、これに続く九五年七月発足の「国民基金」に反対するための「つぶせ！『国民基金』実行委員会」を中心にしての「基金」反対・粉砕運動など、日本側でそれらの運動を担ったのは、「著名人」ではなく、草の根の女性、市民によるネットワークだった。

今回の「女性法廷」運動の担い手も、現に、この大部な「ハーグ最終判決」の翻訳が草の根の女性ボランティアによってなされていることに象徴的に示されているように、草の根女性市民のネットワークによるところ大である。また「法廷」以前の、試行錯誤を重ねつつ、種々な点で弱点をかかえ、かつ力不足だったとはいえ、「行動ネットワーク」以来、培ってきた女性市民パワーの存在も無視できない。

一九九二年の韓国挺対協による国連への提訴以来、ウイーン世界人権会議（九三年）、ジャカルタ会議（九四年）、北京・世界女性会議（九五年）、クマラスワミ報告（九六年）、マクドゥーガル報告（九八年）と主なものを拾っただけでも、女性を中心にした国際ネットワークはめざましく進展した。とりわけ九八年の第五回アジア連帯会議で、現ＶＡＷＷ―ＮＥＴ　Ｊａｐａｎ代表松井やよりさんが「女性法廷」の提案をし、会議で可決された後は、松井さんが長年にわたって培ってきた国際ネットワークがフル稼働したのに加え、ＶＡＷＷ―ＮＥＴ　Ｊａｐａｎを軸にした草の根女性ネットの輪がどんどん広がった。「専門家」たちは、その輪の中で、自分たちがもっている知識や情報などを生かされる喜びを知っていったと思われる。言いかえれば、女性・市民・国際ネットの輪が「専門家」たちを「共働」させていったのではないだろうか。

これら三つの女性・市民・国際ネットの結節点が、このたびの「女性法廷」運動だったと思われる。「法廷」運動から汲み取るべき教訓は、「女性」視点、「市民」視点、「国際」視点に立って、揺るぎなき確信と根気をもって立ち向かえば勝てる、という自信を得たことである。勧告実現の方法としても、この教訓は生かされるべきだろう。いずれにしろ、勧告を含む、この判決の意義・内容を、時・場所・相手の立場を十分に勘案しながら、あらゆる機会をとらえて伝え、広めていくことが出発点になるだろう。[*7]

【註】

（1）「市民による市民のための戦争犯罪論」については、アムネスティ・インターナショナル日本国際人権法チーム編『入門　国際刑事裁判所――紛争下の暴力をどう裁くのか』（現代人文社、二〇〇二年）が参考となる。

（2）この部分を、ハーグ最終判決から引用すれば、次の通りである。「［公娼として働いていた日本人女性は］奴隷化の状態や、「慰安婦」制度が要求した自らの性的完全性に対する自己管理の完全な放棄に同意したわけではないので、最初に同意しても、その後の奴隷化は合法とされない。内容を知ったうえで同意したとすれば、その同意は、その後彼女たちが置かれ、抵抗した奴隷化に相当する状態によって無効となった。女性たちが自由に逃げることができず、サービスの性質と条件を自由に指示できず、またはサービスを自由に拒否できなかった以上、女たちは奴隷化されていた」

（3）六五三項では、「私たちは、無抵抗は同意を示すという考え方を無条件に退ける。実のところ受動的に応じることはしばしば、身体的、精神的に生き残るための最良または唯一の手段となる。特に武力紛争下の状態では、「ノー」と言うことは無益な意思表示であり、被害者をもっと危険にさらすだけであろう。……判事団は、受動的であることは、犯罪の構成要件が満たされる場合には強かんの訴追、あるいは性奴隷制の訴追を決して妨げるものではないことを強調する」と述べている。

六五七項では、「対価の支払いは、強制労働を自発的労働に変えるものではない。支払いがないか十分でないことも奴隷制に共通する指標であるが、労働の代償をなんらかの形で提供しさえすれば、奴隷制の存在がそれで否定されるわけではない」と述べている。

（4）六六〇項では、「一部の「慰安婦」が日本軍から支払いを受けたことは、彼女たちが奴隷化されていたという認定を決して妨げるものではない。…いくらかの金銭をとっておいた女性がいたとしても、彼女たちの状態は性奴隷制であったと私たちが結論するのは、性行為を拒否する自由な意思が奪われていたからにほかならない」と述べている。

（5）「勧告」を紹介すると次の通りである。

一〇八六　本法廷は、日本政府はその責任を果たすために、以下の救済措置をとらなければならないと考える。

1 「慰安制度」の設立に責任と義務があること、この制度が国際法に違反するものであることを全面的に認めること。

2 法的責任をとり、二度と繰り返さないと保証し、完全で誠実な謝罪を行なうこと。

3 ここで宣言された違反の結果として、犠牲者、サバイバーおよび回復を受ける権利がある者に対し、政府として、被害を救済し将来の再発を防ぐのに適切な金額の、損害賠償を行なうこと。

4 軍性奴隷制について徹底的な調査を実施する機構を設立し、資料を公開し、歴史に残すことを可能にすること。

5 サバイバーたちと協議の上で、戦争中、過渡期、占領期および植民地時代に犯されたジェンダーに関わる犯罪の歴史的記録を作成する「真実和解委員会」の設立を検討すること。

6 記憶にとどめ、「二度と繰り返さない」と約束するために、記念館、博物館、図書館を設立することで、犠牲者とサバイバーたちを認知し、名誉を称えること。

7　あらゆるレベルでの教科書に意味のある記述を行ない、また、研究者および執筆者に助成するなど、公式、非公式の教育施策を行なうこと。違反行為や被害について人々、とりわけ若者や将来の世代を教育する努力が行なわれること。犯罪の原因、犯罪を無視する社会、再発を防止するための手段などを調査する努力をすること。

8　軍隊とジェンダー不平等との関係について、また、性の平等と地域のすべての人々の平等の尊重を実現するための必要条件について、教育を支援すること。

9　帰国を望むサバイバーを帰国させること。

10　政府が所有する「慰安所」に関するあらゆる文書とその他の資料を公開すること。

11　「慰安所」の設置とそのための徴集に関与した主要な実行行為者をつきとめ、処罰すること。

12　家族や近親者から要望があれば、亡くなった犠牲者の遺骨を探して返還すること。

一〇八七　本法廷はさらに旧連合国に対して、以下のように勧告する。

1　「慰安制度」の設立と運営、および東京裁判でこの制度が訴追されなかった理由に関するあらゆる軍および政府の記録を直ちに機密解除すること。

2　東京裁判で天皇裕仁が訴追されなかったことに関するあらゆる軍および政府の記録を直ちに機密解除すること。

3　戦後の裁判で、さらにその後五六年間にわたって、元「慰安婦」たちに対して犯された犯罪を調査し訴追することを怠ったことを認め、調査し、資料を公開し、適切な事件については、生存している実行行為者を訴追する措置をとること。

一〇八八　本法廷は、さらに国連およびそのすべての加盟国に対して、以下のように勧告する。

1　サバイバーとその他の被害者、および受けた被害の回復を受ける権利がある者に対して、日本政府が完全な賠償を行なうことを確保するために必要なすべての措置をとること。

2　元「慰安婦」に関する日本政府の違法性および継続する責任について国際司法裁判所の勧告的意見を求めること。

（6）一〇七七項は、「国際法に従って、損害賠償は不法行為者、すなわち日本政府やその他の責任ある当事者の財源から支出されなければならない。損害賠償は、被害者とその家族、近親者が犯罪で受けた物質的損害、失われた機会、精神的苦悩、真実の否定と時宜を得た救済措置がとられなかったために続いている被害に見合ったものでなければならない。本法廷は、多くのサバイバーが激怒して拒絶しているアジア女性基金〔国民基金〕は、適切なものでも十分なものでもない」と述べている。

（7）その手始めとして去る五月十一、十二日の両日にわたり、VAWW―NET　Japan主催、「女性国際戦犯法廷」国際実行委員会共催、明治学院大学国際平和研究所後援により、東京において、「「女性国際戦犯法廷」判決を実現させよう！　二〇〇二年国際シンポジウム」及び非公開の国際連帯会議が開催された。その中身については、当日配布の資料集及び『VAWW―NET　Japan ニュース』二〇〇二年五・六月合併号「「女性法廷」二〇〇二年国際会議報告号」を参照。

【付記】ハーグ最終判決は、VAWW―NET　Japan編『日本軍性奴隷制を裁く二〇〇〇年女性国際戦犯法廷の記録　第六巻　女性国際戦犯法廷の全記録Ⅱ』に収録される（緑風出版、二〇〇二年）。

〔初出・『週刊新社会』第二七九号、第二八一号・二〇〇一年十二月二十五日、二〇〇二年一月十五日。本書収録に際し加筆〕

終章
「女性」の視点からいまを問う

〝テロ〟と戦争――米国の軍事報復への協力を糾弾する

去る十月二十九日（二〇〇一年十月二十九日）、「テロ対策特別措置法」という名の米国の戦争協力（参戦）法が難なく国会を通過した。国会での事前承認なしの見切り発車である。「テロ」事件を奇貨として、日本政府は歯止めなき軍事大国化の道に大きく舵を切った、というべきであろう。

わたくしのみるところ、日本市民の多くは戦争参加を望んではいない。もとよりいわゆる「テロ」にも反対である。問題なのはこういう市民の声を政府が無視し、メディアが大きく報じないことだ。それればかりか自衛隊出身の「軍事専門家」と称する評論家や学者たちの「戦争屋」どもを事あるごとに登場させ、米国の軍事爆撃や戦略を宣伝・正当化させていることだ。

国家の軍事力が、問題の解決に全然役立たないことを、今回の「九・一一」事件は、不幸なことだが、図らずも浮き彫りにさせた。このことの意味を深く悟るべきであるのに、この国の政治指導者は、いち早く米国の「軍事報復」への支持を表明し、あげくの果てに自衛隊の戦争参加を早々のうちに法制化せしめたのである。わたくしたちは、この国の主権者として、わたくしたちの自決権をかくも簡単にふみにじった日本政府を糾弾する。

「暴力にたいする暴力」の論理と行動は、「暴力の連鎖」と「報復の連鎖」をもたらすものでしかないことは、すでに多くの心ある人びとによって唱えられていたことである。昨今、米国社会を揺るがしている「炭疽菌」事件にしろ、一部で伝えられているような「テロ」事件であるならば、すでに「報復」にたいする「報復」が始まっているといえよう。アフガニスタンへの軍事報復が続けば続くほど、米国社会は第二、第三の見えぬ「テロ」の恐怖におびえ続けることになるだろう。国家的な軍事力の強化が市民の安全保障には決してならぬことを右のごとき一連の事態は示している。

米英両軍による軍事攻撃は、タリバンが実効支配するアフガニスタンの女性や子どもたちをいっそうの苦境へと追い込む。ソ連のアフガン侵攻、米国の反ソ武装ゲリラへの軍事支援、内戦と続く二十余年の軍事支配は、アフガンの女性たちから人権を奪い、頭の先からつま先まですっぽりとおおうチャドルやブルカに象徴されるような被抑圧の存在へと押し込んだ。

最後にアフガニスタン女性協議会代表のファティマ・ガイラニさんの言葉の一節を左に。

「アフガン女性が長年否定され続けてきた人間としての尊厳と人権を取り戻すことを助けるためには、まず『世界』がイスラムの女性のことをもっと知らなければならない。イスラム女性に関してメディアが注目し、国際社会のサポートをえられるようになったら、これこそがイスラムの名のもとの抑圧体制に抵抗する唯一の、そしてもっとも効果的な『武器』となるだろう」（アジア女性資料センター『Sisterhood』No.25、二〇〇一年十月）。

［初出・『週刊新社会』第二七四号・二〇〇一年十一月二十日］

いま、なぜ日韓女性歴史教材づくりをめざすのか

二一世紀最初の年なのに、時代が反転しているような気がしてならない。心がはれない日々が続いている。戦争と暴力が猛威を振るった前世紀の誤ちから何も学ばない、戦争好きの「男」たちが嬉々として、罪のない女や子ども、庶民たちの頭上に連日爆弾を浴びせ続けている。

「自由」と「民主主義」を常日頃うたい文句にしているのに、いまやその自由さえ米国社会では風前の灯のようである。きょう（二〇〇一年十一月二日）の『朝日新聞』に米軍のアフガニスタン攻撃に心を痛めた米国の高校二年生の女生徒の記事がこう出ていた。

ウエストバージニア州チャールストンにある高校に通うケイティ・シエラさんは、十月中旬から「アフガンで死んでいく子供たちをテレビで見て、国家安全保障の新しい意味に気付いた」と手書きで書いたTシャツを着て登校、戦争中止を求める「無政府主義クラブ」を結成しようとビラを配り、約二十人の賛同を得た。ところが、これを知った校長は「この難局下に反政府主義を標ぼうするのは、真珠湾攻撃の直後の米国で日の丸を振りかざすようなものだ」と三日間の停学処分に付した。この処分を教育委員会も全面的に支持したが、シエラさんはこれに屈せず、「学校に表現の自由を侵害された」と十月三十日に提訴、「戦争中止のメッセージを学校の仲間に伝えたかった」と訴えた。

十一月一日に言い渡された判決のなかで、判事は「この時期の反政府活動は教育現場を混乱させる」と停学を支持し、反戦Tシャツ着用禁止、無政府クラブ旗上げ禁止を命じたという。

シエラさんの勇気ある行動に、一筋の光明をみた思いがする。が、反面、いまや米国には「表現の自由」さえ存在しないということをみせつけられた思いだ。かつての日本のお家芸であったファナティックな「挙国一致」の怒号が米国社会をおおっているようで背筋が寒い。

とはいえ、これは米国のこととして安気に眺めてはいられない。「戦争国家」米国の「報復」戦争とかに一も二もなく追随し、新たに法律（「テロ対策特別措置法」）までつくって自衛隊を海外派兵する小泉政権＝日本政府は、確実に「戦争国家」への道を突き進んでいるからである。「戦争の旗」日の丸、「天皇のうた」君が代も一昨年（一九九九年）の法制化で、「国旗・国歌」とせしめるにいたり、道具立ても揃った。あとは教育統制や思想統制で「国民」の頭を「挙国一致」にもっていくことをこの国の権力者たちは妄想していることであろう。

世間にはあまり知られていないが、来年の二〇〇二年四月から施行される文部科学省の「中学校学習指導要領」の社会科歴史分野についてこう述べているくだりがある。「歴史的事象に対する関心を高め、我が国の歴史の大きな流れと各時代の特色を世界の歴史を背景に理解させ、それを通して我が国の文化と伝統を広い視野に立って考えさせるとともに、我が国の歴史に対する愛情を深め、国民としての自覚を育てる」（傍点は鈴木）と。もっともらしく述べているようだが、文科省（日本政府）の歴史観は、要するに国権主義・自国中心主義のエスノセントリズム（排外主義）にほかならないのである。

　ことしの春から夏にかけてマスメディアを取り込んで騒ぎ立てた「新しい歴史教科書をつくる会」作成の教科書は、日本政府の歴史観の所産にすぎないものなのだ。

　去る十月四日から六日まで韓国・ソウルにおいて「日韓（韓日）女性共同歴史教材編さんのため」の第一回公開シンポジウム並びに具体的作業に向けての非公開会議が開かれた。日本側は、わたくしの所属する「女性・戦争・人権」学会、韓国側は、この七月挺対協（挺身隊問題対策協議会）が付設した「戦争と女性・人権」センターの共同主催によるものである。日本政府の右に述べたごとき歴史観・教育統制に真っ向から挑戦すべく、日韓の女性たちの共同の力により、平和・平等・ジェンダージャスティス（ジェンダー正義）に基づく新しい歴史教材づくりの第一歩がここにようやく踏み出されたわけである。このこと自体、日韓（韓日）の女性の歴史にとって画期的な意義をもつものであろう。

　この共同の取り組みが構想されるにいたる前提としてここ十数年に及ぶ日本軍性奴隷制（「従軍慰安婦」）問題を通しての、試行錯誤を重ねながらも互いの間に培われた「信頼」と「連帯」があった。歴史学習（教育）とは、本来、第一に平和創造学習である。第二に人権創造・確立をめざすものである。第三に権力装置・権力関係を見抜く力を育てることである。

　ところが、前述したように日本政府・文部科学省の構想する歴史学習（教育）は、「自国」の歴史への愛情を深め、日本「国民」としての自覚を育てることに狙いをおいている。

ここでは、「国民」各層にさまざまな諸矛盾があることは問わない。性差別や民族差別、部落差別など差別の存在への鋭い感性や、差別の構造を見抜き、撤廃せんとする力をも育てないどころか、かえって抑圧するであろう。

あらゆる事象を「弱肉強食」のものさしで計り、「競争社会」こそ「善」であり、力なきものは滅ぶのが理の当然とするがごとき「新自由主義」の原理が底に横たわってもいるといえよう。「弱肉強食の競争社会」原理がきわまるのが戦争であろう。

日韓（韓日）女性共同歴史教材編さんの意義について、韓国・「戦争と女性・人権センター」所長の金允玉《キムユノック》氏（韓国挺身隊問題対策協議会常任代表でもある）は、こう述べている。

「平和・平等・正義が具現できる二一世紀であってほしいと願う女性たち、未来の人類、すなわち戦争を防ぎ平和のための共生社会を作り上げるのを望む女性たちは、軍事的また女性差別的な歴史教科書および公民教科書が未来の世代の人に渡されるのを黙視することができなかった。このようなことを悩んでいるとき、日本の『女性・戦争・人権』学会が韓日女性共同歴史教材作りを提案してきたのである。挺対協『戦争と女性・人権』センターは一緒に力をあわせて、努力することを決定し、第一回公開シンポジウムをソウルで設けた。これは歴史的にはじめて試みられる『韓日女性の共同作業』になるだろう。二つの国の女性が、いわゆる〝ジェンダー的観点〟という共通分母によって、今まで両国の男性たちが作った教科書を、再構成・再解釈しようとするのである。このことの重要さは、植民地歴史の加害者と被害者という立場をもちながらも、両国家の女性たちが〝ジェンダー的観点〟という共通認識を基礎に据えながら、近現代史を再構成・再解釈する作業だという点にある」。

右の金允玉氏の一文に端的に示されているように日韓（韓日）歴史教材づくりは、平和・平等・人権・ジェンダージャスティスが、基本原則である。

以下、日韓双方の間で話しあわれ、確認された事項を列記しておこう。まず基本的視点として、①日本の帝国主義・植民地主義・国家の問題を女性の視点からみる、②国家や民族中心の歴史を避けて、ジェンダー、民衆の視点でみる。

具体的テーマとして、日韓関係を論点とすることが前提となるテーマ、女性の視点が浮き彫りになるテーマ、相対的に自立性をもったテーマでも女性の視点に引き寄せることなどが確認された。

今回、日韓双方から提案されたテーマを列挙していこう。開国と女性、公娼制度、新女性、避妊と出産、賢母良妻論、戸主制／家族法、労働と工場法、日本軍「慰安婦」、日帝末期戦争期知識人女性の歩み、日帝時期戦争にたいする態度、韓国分断と女性、基地と女性、韓日条約と女性、経済開発と女性、女性運動（以上、韓国側提案）。日本帝国主義の朝鮮植民地支配と女性政策、在朝日本人女性と日本の植民地支配、戦後女性史研究・フェミニズムと植民地問題・戦争責任・戦後責任・天皇制、戦後歴史教育と「慰安婦」（日本軍性奴隷制）問題、在日朝鮮人女性の生活と運動（以上、日本側提案）

歴史に向かう方法論としては、①隠されていたり無視されている事実の掘りおこし、②ジェンダー視点からの歴史の再解釈、③権力作用、権力関係への重視、④民族差別への批判的視点、平和・人権視点の堅持、を確認。

以上を踏まえ、高校生を対象に近現代史の教材をつくる。ジェンダーを導入した日韓関係史とし、日韓の間にどのような関係性がつくられてきたかを叙述。「慰安婦」問題を中心軸に主題を系列化していく。また従来の歴史のなかで取り上げられてこなかった問題について、その理由を明確化し、その背後の権力関係を跡づける。

共同歴史教材づくりは、いま、やっと緒についたばかりである。何といっても加害国・日本と被害国・韓国の女性たちが向きあって共同の課題に取り組むわけだから、今後、さまざまな難問題にぶつかることもあろう。前途を思うと、思わずタメ息が出そうだが、尹貞玉先生（挺身隊問題対策協議会名誉代表、「戦争と女性・人権センター」理事長）が「互いに信頼して始めることが大切。相手の言うことを出来るだけよく理解し、考えようとすること、ともに取り組み過程が大事なんです」と、励ましてくださった。

［初出・『週刊新社会』第二七三号、第二七五号・二〇〇一年十一月十三日、二十七日］

「教育基本法」か「教育勅語」か

一九九九年の「日の丸・君が代」法成立以来、教育攻撃がすさまじい。日本の戦争国家化と見合っているようだ。

目下の標的は教育基本法であろう。基本法は戦後の民主教育の拠り所として、教育の憲法としての役割を果たしてきた。教育の目的をうたう、その前文は格調高く、いまもいっこうに色褪せていない。

「われらは、さきに、日本国憲法を確立し、民主的で文化的な国家を建設して、世界の平和と人類の福祉に貢献しようとする決意を示した。この理想の実現は、根本において教育の力にまつべきものである。

われらは、個人の尊厳を重んじ、真理と平和を希求する人間の育成を期するとともに、普遍的にしてしかも個性ゆたかな文化の創造をめざす教育を普及徹底しなければならない。

ここに日本国憲法の精神に則り、教育の目的を明示して、新しい日本の教育の基本を確立するため、この法律を制定する」

教育基本法を目のかたきとする人びとの多くは、戦前・戦中の皇国民教育の最大の道具（ツール）

であった教育勅語を持ち上げる。

「朕惟ふに」で始まる、例の祝詞《のりと》ふうの文章である。「父母に孝に兄弟に友に夫婦相和し……」。ここまではいわば〝刺身のつま〟(とはいえ、権力により押しつけられた「国民」道徳・倫理のキーワードではある)みたいなもので、言わんとするところは次の箇所である。

「一旦緩急あれば義勇公に奉じ以て天壌無窮の皇運を扶翼すべし」(万一、危急の大事なことが起こったならば、大事に基づいて勇気をふるい、一身を捧げて皇室のためにつくせ)。

森喜朗前首相が、前半の部分(「父母に孝に……」)を指して「教育勅語にもいいところがあった」といった発言をしたのは、記憶に新しい。ちなみに彼は前後して「神の国」発言や「国体」発言を次々とおこない、皇国史観・国体思想の持ち主であることを暴露した。いまから思うとその正体を正直にパフォーマンスしてくれた前首相が懐かしい。

御用学者の面々もいっせいに、教育基本法解体に向けて動き出した。たとえば「新しい教育基本法を求める会」(会長・西沢潤一、元東北大学学長)は、二〇〇〇年九月、森首相(当時)にたいし、「伝統の尊重と愛国心の育成」や「家庭こそは日本人にとって倫理の源泉」とうたう要望書を提出。

二〇〇一年二月には加藤寛千葉商科大学学長(一九九〇年〜二〇〇〇年まで政府税制調査会長)が「新・教育基本法私案」を発表、教育の目的について、「人間が潜在的に有する道徳的・知能能力を発揮させ、わが国の歴史、伝統、文化を正しく伝えることによって立派な日本人をつくることにある」と主張した。

右にみられるように、教育基本法解体派の特徴は、日本回帰・伝統回帰、そして家制度（家父長制）回帰の色あいが濃厚であることだ。

悪夢がわたくしたちの頭をよぎる。ひょっとしたら、また「ススメ ススメ ヘイタイ（兵隊）ススメ」とか「ヒノマル（日の丸）ノハタ（旗） バンザイ バンザイ」とか「テンノウヘイカ（天皇陛下）バンザイ」といった文句が、教室中にこだまする日も近いのではないか、と。「家」や「家庭」の強調も、とりわけ女性にとっては不気味である。権力が率先して呼号するときはとくに要注意である。

教育基本法第五条は、戦前・戦中の男女差別教育を反省し、男女共学原則をうたった。「男女は互に敬重し、協力し合わなければならないものであって、教育上男女の共学は、認めなければならない」

かつての良妻賢母教育は、女を家のなかに押し込め、家や夫や義父母に隷属させるための奴隷化教育であった。貞淑・従順が女の美徳（婦徳）とされ婦徳を養うのが、良妻賢母教育の要とされた。女には学問は無用（時には有害）とされ、小学校を卒業すれば、十分とされた。男子の中学にあたる「女学校」に高等の二字が冠されたのは、女子教育はこれでお終いというのが含意されていたといえよう。

今月（一月）二十六日から日教組（日本教職員組合）の全国教研集会が宮崎県において開かれる。

わたくしも社会科分科会の共同研究者として参加するが、教育基本法の意味をあらためて深く論議できればと願っている。

［初出・『週刊新社会』第二八三号・二〇〇二年一月二十九日］

空爆でアフガン女性を救えるか
——ユネスコ学習権宣言とローラ・ブッシュの発言

一九八五年、パリにおける第四回国際成人教育会議は、ユネスコ学習権宣言を採択した。その書き出しは次のように始まる。

学習権を承認するか否かは、人類にとって、これまでにもまして重要な課題となっている。

学習権とは、

読み書きの権利であり、

問い続け、深く考え続ける権利であり、

想像し、創造する権利であり、

自分自身の世界を読みとり、歴史を綴る権利であり、
あらゆる教育の手だてを得る権利であり、
個人的・集団的力量を発達させる権利である。
成人教育パリ会議は、この権利の重要性を再確認する。
学習権は未来のためにとっておかれる文化的贅沢品ではない。
それは、生き残るという問題が解決されてから生じる権利ではない
それは、基礎的な要求が満たされた後に行使されるようなものではない。
学習権は、人間の生存にとって不可欠な手段である。〔以下略〕

アフガニスタンの女性と子ども、民衆を取り巻く過酷な状況を知るにつれ、いま、あらためてこの学習権宣言の一節一節が心に沁みてくる。

映画「カンダハール」を撮ったモフセン・マフマルバフ監督が近頃、来日した。監督は、子どもたちや女性たちがおかれている惨状を涙を流しながら語る心やさしいイラン人男性である。そのマフマルバフ監督が、はっきりとこう述べている。「爆弾はブルカ（体を覆う布）をかぶった女性をバラバラにするだけで、ブルカを脱がせることはできません」（『朝日新聞』二〇〇二年一月十六日付）。

米英両国によるアフガンへの空爆が盛んにおこなわれていたころ、まことに奇妙なことがフェミニストと称する米国の一部の女性たちによって語られていた。女性を抑圧するイスラム原理主義の

タリバーン政権は「女性の敵」だから、これを打倒するためには空爆もやむを得ない、とする主張であった。これに力を得たかのようにローラ・ブッシュ米国大統領夫人は（彼女は「良妻賢母」を自任する人で、フェミニストとは思えないが）、ラジオ演説のなかで「宗教や文化にかかわらず、テロリストとの戦いは女性の尊厳と権利を守るための戦い」「タリバーンは女性を家に縛りつけ、囚人にした」（『朝日新聞』二〇〇一年十一月十八日付）と述べ、米英の事実上のアフガン人大量殺りく作戦を正当化した。

アフガンの内戦時代、米英やその他の武器輸出大国は、アフガンの人びとに何を与えたというのだろうか。飢えをしのぐための食糧を与えただろうか。教育を受ける権利を保障する手立てを計っただろうか。答えは否である。大国が与えたのは、大量の武器ではなかったか。それによってアフガン国内には大小無数の武装集団が養成され、大量の難民を生み出し、いたるところ廃墟と化せしめたのではなかったか。

さきのユネスコ学習権宣言は、こうもいっている。「もし、女性も男性も、より健康な生活を営もうとするなら、彼らは学習権をもたなければならない」「もし、わたしたちが戦争を避けようとするなら、平和に生きることを学び、お互いに理解し合うことを学ばねばならない」。

学習権の原点は、ここにみごとに示されているのではないか。平和に生存し、健康な生活を営む生きる力こそ、学習・教育によって培われるのだ。教育を国家意思強制の道具とし、産業界の要請にこたえ、資本にとって、効率的で安上がりの〝人材〟確保のためにしか考えない日本の支配エリート、アフガン復興・援助に名を借りつつ、自国の利害を画策する日本を含む大国のリーダーたちに、ユネスコ学習権宣言をよくよく噛み締めてほしいものである。

［初出・『週刊新社会』第二八五号・二〇〇二年二月十二日］

映画「カンダハール」とアフガンの女性たち

「皆さんよく聞いて。今日は学校の最後の日です。明日はアフガンに帰ります。アフガンに帰ったら、家からは出られません。でも希望を捨てないで、たとえ塀が高くても、空はもっと高い。いつか世界の人々が助けてくれるでしょう。もし助けてくれなかったら、自分で何とかするんです。そして家が窮屈に思えたら、そっと目を閉じて虫のアリになってみなさい。家が大きく思えます」。

映画「カンダハール」（モフセン・マフマルバフ監督）の初めの方に出てくるシーン、イランのアフガン難民キャンプで「最後の授業」を受ける少女たちに教師が伝えるメッセージである。母国・アフガンに帰還する少女たちに贈られるもう一つのメッセージは、子どもを狙いうちにする「かわいいお人形」の形をした「人形爆弾」に絶対触ってはいけない、というものであった。

「カンダハール」の主人公ナファスの妹も、この人形爆弾に触れ、片足を失った。ナファスは、戦火をのがれ、カナダに亡命したジャーナリスト。妹は亡命直前に足を失い、カンダハールに残った。この妹からの手紙をある日、ナファスは受け取った。それは、生きる希望をなくした妹が二十世紀最後の皆既日食が訪れる日に自ら命を絶つというものだった。ナファスに残された時間はわずか三日間。妹を助けるために彼女はカンダハールへの旅へ立つ。

アフガンでは女の一人旅は禁物。難民キャンプで国連の係官に、ある老人を紹介され、その老人の「第四夫人」になりすまし、カンダハールをめざす。老人はナファスに「ブルカをしっかりかぶれ」と厳命する。「わしは信仰心の厚い名誉ある男だ。女はほかの男に顔を見せるな。もし見せたらわしがバカにされる」。

ナファスと老人一家が乗ったオート三輪は、最初の村の手前で盗賊に襲われ、荷物ごと奪われる。恐れをなした老人は、難民キャンプに戻るという。「二百ドル取っておきながら、途中で置き去りにするつもり?」となじるナファスを老人は取りあわない。そこに神学校を追われた少年ハクが現れ、ガイドを申し出る。ガイド料五十ドルで折り合い、ナファスとハクは砂漠の道を歩く。ハクは、アラビア語こそ読めないが生活力あふれる、したたかな少年だ。遠回りして砂上に遺棄されたままになっている骸骨から指輪を抜き取り、ナファスに売りつけたりもする。

旅の途上で、ナファスは、下痢と腹痛を起こし、町の診療所へ。ナファスと医者はついたてごしに会話する。医者は、ブラック・ムスリムのアメリカ人で、かつてムジャヒディン（戦士）としてアフガンで戦った。が、路上で死にかけていた子どもと出会い、「彼らを癒すことこそ神を探す道」

と悟り、武器を捨てた。彼、サヒブにナファスは妹へのメッセージを請う。「人には生きるための理由が要る。きびしい状況下では〝希望〟がその理由だ。抽象的だが、渇いた人には水が、飢えた人にはパンが、孤独な人には愛が、全身を布で覆った女性にはいつか人に姿を見せる日が希望になる」とサビブは語る。

「カンダハール」は、ナファスを演じるニルファー・パズィラの実話をもとにして作られている。ニルファーは、一九八九年、十六歳のときカブールからパキスタンに出国、翌年カナダに移り、大学でジャーナリズムを学んだ亡命アフガニスタン人。九八年、カブールに住む友人から自殺をほのめかす手紙を受け取った。だから妹からの手紙は、実際は友人からの手紙、カンダハールはカブールである。ニルファーは、友人を救うためマフマルバフ監督を訪ね、自分の旅に協力してほしい、その旅を撮影してアフガンの女性のおかれている状況を世界の人びとに伝えてほしい、と頼んだ。監督はこの願いを快く受け容れたが、ドキュメンタリーでは危険が大きいとし、フィクションとして映画化した。撮影は、二〇〇〇年十一月から二〇〇一年二月にかけておこなわれ、同年五月のカンヌ映画祭で大きな話題を呼んだという。

昨年九月の「9・11」の四カ月以上も前に、アフガンの現状を告発する女性の熱意が一人の映画監督を動かし、世界に向けてのメッセージが発せられていたのである。ニルファー・パズィラは昨年末、来日し、記者会見で「9・11」について問われ、こう述べている。

「……戦争を、自分の身にふりかかった経験として受けとめた人間にとりましては、それは一生忘れることのない経験になると考えております。そしてそれと同時に私たちが学びとっていくことは、人間がいかに弱い存在であるのか、そしてほかの人間に起きたことはすぐさま自分にも起こりうることだ、ということを理解することができるようになるのではないかと想っています」（以上の引用は、映画パンフレットから）。

軍国ニッポンのツケを清算もせず、新たなる軍国化の道に突き進む自国政府にやりたい放題を許している日本の市民として忸怩たる思いを禁じ得ない。

映画「カンダハール」は、世界の、いや、わたくしたちの、アフガンへの無関心さを、静かに告発している。モフセン・マフマルバフ監督は、『アフガニスタンの仏像は破壊されたのではない。恥辱のあまり崩れ落ちたのだ』（現代企画室、二〇〇一年）という著書で、タリバンによって破壊されたバーミヤンの石仏は、「アフガニスタンの虐げられた人びとに対し世界がここまで無関心であることを恥じ、自らの偉大さなど何の足しにもならないことを知って砕けたのだ」（二七ページ）と、より直截に批判している。

バーミヤンの石仏破壊（二〇〇一年三月）が大きく報じられる前に、アフガンの女性・子ども・高齢者がおかれている破壊的状況を、メディアはどれほど報じただろうか。二十年にも及ぶ侵略・内戦が続くなかで、女たちの多くが「生きた屍」であることを強いられた苦しみを、日本のメディアはいまもきちんと伝えているだろうか。米軍によるアフガニスタン爆撃中は、もっぱら米軍の戦況報道機関と化し、その後は、米国の要請を受け、東京で鳴り物入りで開かれたアフガン復興支援国際会議（二〇〇二年一月二十一・二十二日）の報道振りにうかがえるように、「ノー天気」きわまりない。きわめつきは、『朝日新聞』一月二十四日付朝刊に掲載された船橋洋一記者のコラム「緒方外交華麗なデビュー」であった。「緒方」とは、この会議で共同議長をつとめた緒方貞子日本政府代表で前・国連難民高等弁務官のことである。「日本がこれほど重要な国際会議でこれほど大きな役割を果たしたのは、いつ以来だろうか」で始まる、このコラムは、全文、緒方賛辞で埋めつくされている、といっても過言ではない。何百万人もの人の生死がかかっているのに「華麗なデビュー」とはしゃげる神経にも首をかしげざるを得ない。

それはともかく、はてよ、とわたくしは思う。緒方さんといえば、ついさきごろまで国連難民高等弁務官をつとめていて、在任中にアフガンにも行き、その惨状をつぶさに見てきた人ではなかったか。さきの著書でマフマルバフ監督はこう記している。「私は、ヘラートの町のはずれで、二万人もの男女や子どもが、飢えて死んでいくのを目のあたりにした」「同じ日に、国連の難民高等弁務官である日本人女性もこの二万人のもとを訪れ、世界は彼らのために手を尽くすと約束した。三カ月後、イランのラジオで、この国連難民高等弁務官の日本人女性が、アフガニスタン中で餓死に直面している人びとの数は一〇〇万人だと言うのを私は聞いた」（二六〜二七ページ）。

一人の日本人女性とは、もちろん緒方さんのことである。惨状を直接、目にし、知った者として、また難民高等弁務官というとりわけ責任ある立場にいる者として、このとき緒方さんは職を賭してまでアフガンの現状を世界の人びとに向け、粘り強く訴えただろうか。

さきの復興支援会議の一月十九日、日本記者クラブで、緒方さんはこう語ったという。「00年9月、私はアフガニスタンへ行った。そこは忘れられた国だった。難民への援助は年々減っていた。9月11日のテロ行為がなければ、アフガニスタンはあのままだったのではないか」(『朝日新聞』二〇〇二年一月二十九日付朝刊十面)と。「9月11日のテロ……」の言に、戸惑いを覚えるのはわたくし一人ではなかろう。だいたいよってたかって破壊しておいて「復興支援」というのもおこがましい。

いま、わたくしの手元には松井やよりさんらが編集・翻訳し、昨年(二〇〇一年)十二月に緊急出版された『地球をめぐる女たちの反戦の声――テロも戦争もない21世紀を』(明石書店)というブックレットがある。このなかに「抑圧のベールに覆われて――アフガン女性の20年」という一文が収められている。「戦争のための家族の死や負傷、立ち退きなどすべてのアフガン人が苦しんだ困難に加えて」、女性が性的虐待をも受けてきたこと、とくに一九九二年から九五年にかけ、戦闘中のムジャヒディン(イスラム戦士)は、敵に屈辱を与え、抵抗をそぐために強姦を手段としたこと、指導者は、兵士の功に報いるためそれを黙認したこと、また女性の移動や医療施設の利用、教育・就業を禁止制限し、そのため女性の識字率は四%に満たず、十歳以上の女児・女性が通う学校もないこと、女性の医者は診療を許されず、男性の医師に診てもらうことも禁じられ(のち男性の親族同伴で許可)、

「病気になった女は行き場がない」こと、加えて家族を養わなければならない寡婦は、路上で物乞いをするか、「売春」に従事するしかないこと、多くの女性が生きる気力を失い、自殺を願望する女性がふえていることなど——が報告されている。

日本のマスメディアにままみられる、表層をつつくだけの皮相的報道、思い入れたっぷりの、安っぽい同情心にまみれた報道など、もうたくさんである。真実をぐさりと抉るメディア報道を切にのぞむ次第である。

［初出・『週刊新社会』第二八七号、第二八九号・二〇〇二年二月二十六日、三月十二日］

「ババァは有害」の石原知事をリコールしよう

『ああ　女が日本をダメにする』。今月の新刊案内で新聞広告されていた本の名である。この本の紹介文にいわく「無法、不快、無礼、下品……ヤクザが裸足で逃げ出すほどの傍若無人の女たち。タブーを破って物申す」。マッチョな男性たちによる「女バッシング」が受けているご時世なのだろうか。この本の著者、安部譲二氏の、あの、決して上品とは思えないが、すきだらけの顔を思い出すと、なぜか憎めない気がする。「無精、不快、無礼、傍若無人」そのものを思わせる一私人の安部氏がこんなことをいったところで、正直いって、不快きわまりないものの、そんなに実害はないだろう。ブラックユーモアと聞き流すこともできる。

しかし、「公人」の次のような発言は、どうであろうか。

「これは僕がいってるんじゃなくて、松井孝典（東大教授）がいってるんだけど、〝文明がもたらしたもっとも悪しき有害なものはババァ〟なんだそうだ。〝女性が生殖能力を失っても生きてるってのは、無駄で罪です〟って。男は八〇、九〇歳でも生殖能力があるけれど、女は閉経してしまったら子供を産む力はない。そんな人間が、きんさん、ぎんさんの年まで生きてるってのは、地球にとって非常に悪しき弊害だって……なるほどとは思うけど、政治家としてはいえないわね（笑い）」（『週刊女性』二〇〇一年十一月六日号、『インパクション』第一二九号掲載の細谷実「石原慎太郎氏の『ババァ有害論』の問題点」より重引）。

これは、石原慎太郎東京都知事がインタビューで述べている言葉である。本紙（『週刊新社会』）二月二十六日号五面掲載の「都知事共感『ババァは有害』」を読まれた方も多かろう。筆者もこの記事に目を止め、遅ればせながらこの重大発言をはじめて知った次第である。

知的障害者の人びとにたいする「あの人たちにも人格はあるのかね」とか、例の「三国人」発言、そして今度の「ババァ有害論」である。石原氏がまごうことなき差別主義者、ダーウィニズムの信奉者であることはもはや疑いようがない。

「本質的に余剰なものが、つまり存在の使命を失ったものが、生命体、しかも人間であるということだけでいろんな消費を許され、収奪を許される」という話に「ひざをたたいてその通りだ」（「石原知事　福祉の会議で〝大脱線〟」『都政新報』二〇〇一年十月二十六日号）と共感する石原知事の感性にわたくしは戦慄を覚える。女性に「産む役割」（生殖役割）しか見出せないという、知事の女性観、人間観は、たんに「中高年女性」の排除にとどまらないだろう。障害者や病者、はてはホームレスや「不法滞在」の外国人など、排除されるべき対象として知事の頭には入っていることだろう。

過日、本紙掲載の「ババァは有害」論を母に話したところ、ふだんは政治的なことにあまり関心を示さない母が本気になって怒っていた。ここ数年、着々と進められている医療改悪、福祉切り捨ての政治にふつうの老人たちも、何かヘンだと感じ、怒り始めている。

石原都政は、市民生活破壊の急先鋒に立とうとしている。都立病院を民営化させ、地域図書館もリストラ化したりして、その分の税金を治安や「国防」に振り向けるつもりであろう。石原氏はこううそぶいている。「（有事法制で私権も制限されるとの問いに）国あっての国民じゃないか、国家が消滅したら国民の私権はどうやって担保されるのか。質問自体がおかしいよ」（『朝日新聞』二〇〇二年三月十日付四面）。

どうやら石原氏の眼は、都知事から首相のそれと飛んでいるらしい。ナチス・ヒトラーばりのこわーい石原政権が誕生しないためにも都知事のリコール運動がおこされるべきなのでは――という思いを深めている。

国民基金は差別政策

［初出・『週刊新社会』第二九一号（二〇〇一年三月二十六日）］

去る三月二十一日～二十三日（二〇〇一年三月二十日～二十三日）、小泉純一郎首相が韓国を訪問した。日本のテレビ・新聞は、昨年十月の首相訪韓時の歴史教科書・靖国参拝で揺れた棘々《とげとげ》しさもなく、金大中韓国大統領との和気あいあいぶりを強調してみせた。

しかし、新聞に掲載された両首脳の記者会見での顔写真をみると、小泉氏は怒気を含んだような焦燥感をたたえており、他方、金大中氏はかつてのような精気に欠け、沈んだ表情にみえた。

この首脳会議の課題は、経済問題を別にすれば、①歴史教科書問題を話し合う日韓歴史共同委員会の四月発足、②いわゆる日本人「拉致」疑惑問題であったようである。

「拉致」で思い出されるのは、旧日本軍が組織的に立案企画実行し、職場や占領地に性奴隷として拉致した元「従軍慰安婦」の女性たちのことである。

韓国や北朝鮮には今も何百人、何千人、いやそれ以上の元「拉致少女」「拉致女性」がいるだろう

（拉致されたまま異郷に置き去りにされ、故郷に戻れぬ女性たちもいる）。

日本人拉致問題について小泉首相は、「日本国民の生命、安全に対する侵害だ。米国との関係にも影響してくるし、世界の平和と安全にとってもおろそかにできない問題。北朝鮮にもしっかり対応してもらいたいという日本の立場を、金大統領にもお伝えしたい」と、解決を強く求める姿勢を説明したという。（『朝日新聞』二〇〇二年三月二十二日付朝刊一面、同夕刊一面）。

日本人拉致問題を韓国大統領に強調する小泉氏に、当の韓国や北朝鮮（朝鮮民主主義人民共和国）の女性たちが「拉致」されたという厳然たる歴史が意識されていただろうか。

小泉首相が訪韓する一週間ほど前の三月十三日、ソウルの日本大使館前で毎週水曜日におこなわれている元「慰安婦」被害者、支援者たちによるデモが五百回を迎えた。水曜デモは、日本政府の法的責任、公式謝罪、賠償を求めて、被害者たちが一九九二年一月八日に開始したものだ。以来、雨の日も雪の日も毎週続けられているが、一九九五年一月十七日の阪神淡路大震災の折り、犠牲者を追悼して、直後の一回休んだ。

デモに出てこられる被害者ハルモニの頭もめっきり白髪が増えて、やはり年老いた。しかし、日本政府の責任を求める意気は衰えない。

日本大使館はハルモニたちの意気と怒りに恐れをなしてか、鍾路警察署に要請して「戦闘警察」（機動隊）をいつもより多く配備してもらったうえ、デモ参加者を遮断、分断し、館員たちは館内に籠ったままであったらしい。この五百回デモでハルモニたちは大使館に向かって口々に「わたしたちが死んでも、娘や孫の世代が意志を継いでたたかう」と叫んだ。

ところで二月二十日「国民基金」（女性のためのアジア平和基金。一九九五年七月発足）が、五月一日までに「慰安婦」ハルモニの申請を受けつけたあとに韓国での事業を終了すると発表した。事実上凍結していた、いわゆる償い金受け取らせ工作を五月一日までは強行する、ということであろう。

そもそも国民基金は「国家補償はできない」との加害国日本の都合でつくられた日本政府のための法律で、それを承知で被害者側にのませようとするところに誤りと無理があった。

しかも、なりふり構わぬ暴力的な受け取らせ工作は、被害者や支援者に深い亀裂・分断・不信・葛藤を生じさせ、いまもそのトラウマに苦しむ人も多い。

国民基金のこのたびの措置は、再び混乱をおこさせ、被害者たちを三度、凌辱しようとするものだ。先般の「日本軍性奴隷制を裁く女性国際戦犯法廷」ハーグ最終判決でも、国民基金政策が、「公的かつ公正な損害賠償の継続的な不履行」の差別政策だと断じている。

国民基金は即刻解散し、日本政府と国会は、被害者すべてがこころおきなく受容できる立法措置を講じるべきではないか。


［初出・『週刊新社会』第二九三号・二〇〇二年四月九日］

日韓「女性」共同歴史教材づくりと柳寛順

去る三月二十九日から四月四日まで韓国を訪れた。主な目的は、韓国・戦争と女性・人権センターと、わたくしの属する「女性・戦争・人権」学会が共同で取り組む「日韓（韓日）『女性』共同歴史教材編纂のため」の第二回協議会に出席するためである。昨年（二〇〇一年）立ち上げたこのプロジェクトは、ジェンダー視点、民間次元の立場に立って、日韓（韓日）近現代史を「女性」・民衆・マイノリティー存在に焦点を当てつつ、ジェンダー史・関係史・比較史的観点から事実の再発掘・再解釈をおこない、日韓合同の市民歴史教材を編もうというものである。二〇〇四年中の完成・発刊を期している。

二日間にわたる会議は、日韓両国の現行の国定（韓国）・検定（日本）歴史教科書のジェンダーチェックから始まり、教材編纂の基本理念・視点の再確認、発題報告（日本側は、『日本女性史』という思想」で、日本女性史批判をおこなった）を経て、対象時期や具体的項目・目次案の作成作業に進んだ。

時期は、開港〔一八七六年の江華島条約で、日本は朝鮮にたいし不平等条約を押しつけ、仁川などを開港させた〕から、二〇〇一年の「日本軍性奴隷制を裁く女性国際戦犯法廷」ハーグ判決まで扱う。目次案の章タイトルを掲げておこう〔細目は省略。〔 〕内は日本側呼称、同一の場合は省略〕。

開国と日本の韓国強占〔江華島条約と日本の韓国併合〕／三・一運動と社会運動の展開／日帝強占期〔日本帝国主義期〕の民衆生活の変化／戦時強制動員と日本軍「慰安婦」〔日本側は、「強制」を抜き「戦時動員」〕／解放と分断、韓国戦争〔敗戦と韓半島分断、朝鮮戦争〕／韓日会談と従属的発展〔日韓会談と日本の経済・性侵略〕／女性国際戦犯法廷

なお、教科書のジェンダーチェックでは、日韓双方とも「男性」・支配者中心、政治史偏重が指摘された。加えて日本の教科書は検定制度に縛られてか、記述が羅列的〔そのため暗記主義に陥る〕で、関係史的把握ができず、また女性や女性事項の取り上げ方がきわめて少ないうえ、ワンパターン化していて、退屈きわまりなく、とくに女生徒の歴史学習への意欲をそぐだろうと報告された。

会議後の四月三日、ソウルの日本大使館前でおこなわれている定例の水曜デモに参加した。今回が五〇三回めのデモである。顔なじみのハルモニたちのお顔をみては会釈する。「国民基金」のこのたびの策動、昨年来の日本の歴史教科書歪曲問題、小泉首相の靖国参拝に彼女らは心から憤っている。デモのスローガンは「国民基金は解散せよ」一本で統一されている。前回もこの欄で述べたように「国民基金」は、被害者への国家賠償を忌避するためにつくられた欺瞞策で、その根幹にアジア蔑視、女性蔑視の思想がある。

被害者が現に存在し、このように血の叫びをあげているのに日本大使館の館員たちは一人として人間らしい対応を示さない。のみならずわたくしの帰国直後に発表された（四月九日）、検定教科書にたいし文部科学省は、一貫して「戦後補償は解決」ずみという政府見解を強要し、ある「政治・経済」教科書が「日本政府は法的責任を認めておらず、補償問題は未決着である」と記述したところ、クレームをつけ、「法的責任とは別に、現在では道義的問題が議論されている」と書き変えさせた（『朝日新聞』四月十一日付朝刊）。「国民基金」で事足れり、とする傲慢さがここにも貫かれている。

四月一日、わたくしは、韓国挺身隊問題対策協議会の元共同代表・尹貞玉先生の案内でソウルから高速バスで三時間ほど南下、ピョンチョン（一九八二年の教科書問題を機に韓国民のカンパをもとに設立された天安の独立記念館に程近い町）の町を訪ねた。ピョンチョンは、あの柳寛順《ユグヮンスン》の故郷である。梨花女子高（当時は、梨花学堂）の生徒であった柳寛順は、一九一九年の三・一独立運動にソウルで遭遇し、参加したあと、故郷に帰り、地元の人びとを組織し、ピョンチョンの彼女の住む町を独立万歳（マンセー）のこえと示威行進で埋めさせた女性である。総督府警察につかまった彼女は凄惨な拷問にも屈せず、勇敢にたたかい続け、一年余のあと獄死した。享年十七歳。この気高い独立の志をもつ女性、柳寛順の精神は、元「慰安婦」ハルモニたちにも脈々と受け継がれていることを、この旅でわたくしは実感した。

［初出・『週刊新社会』第二九五号・二〇〇二年四月二十三日］

あとがき

本書は、前著『戦争責任とジェンダー』（未来社、一九九七年八月刊）刊行後、日本軍性奴隷制（「従軍慰安婦」）問題を軸に、わたくしが雑誌その他に書きとどめたものを一書にまとめたものです。前著および旧著『従軍慰安婦・内鮮結婚』（未来社、九二年）、『「従軍慰安婦」問題と性暴力』（同、九三年）、『フェミニズムと朝鮮』（明石書店、九四年）、『女と〈戦後50年〉』（未来社、九五年）、『「慰安婦」問題と戦後責任』（未来社、九六年）とあわせお読みいただくことで、十二年余におよぶ日本軍性奴隷制問題の軌跡をたどる一端になるかと存じます。

前著刊行以後、今日にいたる日本内外の動きにはまことにめまぐるしいものがあります。とりわけ昨二〇〇一年の「九・一一」を機にした米国の軍事行動主義は、世界を軍事化・暴力化の坩堝《るつぼ》に投げ込みました。わが小泉政権は、この米国の軍事的覇権の世界戦略に積極的に組み込まれることをもくろみ米軍の戦争行動に全面的に協力すべく「有事法制」三法案（武力攻撃事態法案、安全保障会議設置法案、自衛隊法改正法案）の成立に躍起となっております。

つい数年前までは右翼ナショナリストが呼号していたようなことがどんどん現実化し、「有事法制」では、かつての治安維持法（一九二五年制定）や国家総動員法（一九三八年）を彷彿《ほうふつ》させるような言説が政府当局者の口からぽんぽんと飛び出してきました。小泉首相が「備えあれば憂いなし」とか

「治にいて乱を恐れず」といった抽象論を煽情的に繰り出す一方で、内閣の中枢にすわる福田官房長官や担当「大臣」である中谷防衛庁長官は、「同じ日本人、日本に住んでいる人として（戦争に）協力してもらうのは当然」（中谷長官）とし、思想信条から戦争協力を拒否するものにたいして処罰をちらつかせ、また「国及び国民の安全を保っている高度の公共の福祉のため」、思想・良心・信仰の自由も制約を受ける（福田長官）とし、戦争体制を「公共の福祉」といいくるめ、戦争に反対する市民の自由も権利もあらかじめ封印し、逸脱したときには犯罪化することを狙っています。

昨年末のいわゆる「不審船」事件、ことし春の「瀋陽」事件、ごく最近の朝鮮西海岸事件などを口実に、北朝鮮や中国への「脅威」を煽りたて、日本国内でとめどなく深刻化する雇用・生活への不安・不平・不満を外に向け、排外主義へと回収する動きもまことに不気味です。ポスト小泉を狙っているとされる石原東京都知事が某新聞コラムで凶悪犯罪を中国人がおこなったと述べ、「こうした民族的DNAを表示するような犯罪が蔓延することでやがて日本社会全体の資質が変えられていく」（亀和田武「私も知りたい『極右』の線引き」参照。『朝日新聞』二〇〇二年七月二十六日付）といった恐るべき人種差別的発言を問題化させないどころか、かえってメディアが「石原〈新党〉待望論に加勢しているようにみえるのはどういうことでしょうか。

さて、ここでどうしても一言申し上げておきたいことがあります。去る七月二十日、「国民基金」（財団法人女性のためのアジア平和国民基金。略称「アジア女性基金」ともいう）が、いわゆる「償い金」の支給事業をこの日をもって終了したことを宣言したことです。ここ七年来、被害者と支援者を苦しめ続けてきた国策「国民基金」がついに破綻をきたしたのです。民間からの基金五億円余を集めるために税金三十八億円を投入したということ自体に、あくまでも国家による賠償、責任の履行を回避するという強い意思が「国民基金」には貫かれています。この国家意思を強行するためには、「償い金」の受け取らせ工作にもまさに「密行性」「反倫理性」が帯びざるを得ませんでした（フィリピン人元「慰安婦」裁判弁護団の横田雄一弁護士の言葉）。「国民基金」の反倫理性、犯罪性は、本書でも、またより詳しくは前著『戦争責任とジェンダー』でも触れましたが、つい四ヵ月ほど前に開かれた「4・5緊急集会　実現させよう!!　謝罪と賠償」集会でも韓国、台湾の支援者は、こもごも次のように発言しています。「私たちは日本政府に、国民基金に問いたい。彼らの方法が正当であるとすれば、なぜ公式的に、公開で近づくことができなかったのか？　夜の客人が他人の家の塀をのり越えるようにこっそりと訪韓し……」（韓国挺身隊問題対策協議会・金信実さん）、「うわべだけていねいな広告で攻略し、被害者に対しては決して気持ちを寄せることがない」（台北市婦女救援社会福利事業基金会・頼采兒さん）と。

「国民基金」の呼びかけ人・理事、イデオローグである大沼保昭東京大学教授は、基金発足直後の『読売新聞』で、救済としては「国民基金」しかない以上、被害女性からどんなに拒否されても「償い金」を届けたいと、被害者の当事者性を否定しましたが、「国民基金」が破綻したこの期に及んでも自己中心主義を暴露し、国家に統合される「国家的知識人」の立場をこう正当化しております。

「基金の理念は、公共的存在としての国民＝市民が政府と共に過去の日本の償いを果たすというものだった。『官＝公、民＝私』という二分法が強く、NGOが反政府に流れやすかった日本や韓国では、この理念は少し早すぎたのだろう。基金が反発を受けた一因はそこにある。だが、この理念は、市民やNGOの公共的意義が高まる二十一世紀にこそ、再評価されてほしい。そこで『公』を担うのは、政府と市民なのだから」（「再評価願う『市民の償い』アジア女性基金の光と影」『毎日新聞』二〇〇二年七月二十一日付。なお、傍点は引用者）。

もう一人のイデオローグである和田春樹元東京大学教授は、当初から日本の現実から法的責任も国家犯罪も認めることはできない、それゆえ「国民基金」で我慢してほしいと言い続け、拒否する被害者や支援者を無視し続けました。日本の現実では無理だから、という現実への屈服は、まさしく自らが「体制との癒着」を背景に法的に「戦争責任を果たすことを求める意識と運動にあきらめを誘うもの」であり、客観的には「戦争国家への途を急ぐ体制側の『変革』への協力ではなかったろうか」という横田雄一弁護士の指摘には大いに肯けるものがあります。「市民の償い」を楯にとり、善意を装った「国民基金」推進者たちは、「国民基金」を「推進することによって体制と自己との関係を再編し、体制の一角に自らを位置づけることとなる主体的選択をおこな」（横田弁護士）い、「国家的知識人」へと転換したのです。

わたくしたち日本軍性奴隷制問題の解決を求めて活動してきた女性・市民たちは、この運動を女性の人権確立運動であるとともに、平和を創造する運動としての志向をもっていたと思います。わたくしたちは、時に迷いや試行錯誤を重ねながらも、その思いで韓国挺身隊問題対策協議会はじめ海外の支援運動や、被害女性たちの勇気ある「告発」行動に叱咤され、かつ励まされつつ、歩んでまいりました。この歩みのなかに九八年四月の第五回日本軍「慰安婦」問題アジア連帯会議で加害国・日本の女性として松井やよりさんが「女性国際戦犯法廷」を提唱、可決され、「不処罰の悪循環」を断ち切るべく「責任者処罰」が真正面に押し出されました。この法廷運動は、世界の女性・市民による市民的良心・理性にもとづく国際ネットワークによって展開され、画期的なハーグ最終判決をかちとることができました。この判決に示された法理は、いま軍事的・政治的・経済的・社会的・精神的暴力や性暴力にさらされている女性・市民にとってたたかいへの大きな力になる可能性があるといえましょう。

フェミニズムとは、本来、平和や人権、暴力支配や差別を許さない社会への変革思想です。炯眼にも山川菊栄（一八九〇〜一九八〇年）は、早くも一九一八年に軍国主義とフェミニズムについてこう述べています。「腕力の支配を意味する戦争が婦人の利益と相容れないことはいうまでもない。種族と種族との間に征服的事実を生じて以来婦人の地位が低下し、戦争の頻繁なる地方ほど、そして武人が勢力を得たる時代ほど婦人が暴虐に苦しむという古今東西に共通の現象は、この両者の関係を最も明白に語っているものである。されば男子の専制的支配に対する婦人の反逆と、婦人の利害を代表することを意味して選任せられたる婦人が、戦争に反対し徴兵制度に反対したのはもとより理の当然であっ（た）」（「軍国主義と婦人主義」『新日本』一九一八年十一月号、『山川菊栄集1』〔岩波書店、一九八一年〕二一九ページ）。

顧みて戦前日本の主流的フェミニズムは、権力関係・作用・装置の分析を怠り、容易に愛国思想へと取り込まれ、戦争体制を後押ししてきたという苦い歴史的事実があります。いままた「お上」＝行政主導のもとで、市民としての批判や抵抗精神を抜き取られての、「共同参画」への安易な相乗りは、いつ戦争への「共同参画」へと転化させられるか、わかりません。ナショナリズムや愛国主義を超えたフェミニズムの創造へと、この国のフェミニストたちがいま一度、足もとを検証していただけたなら、本書を世に出す甲斐があるというものです。

本書を編むに際し、最初に書く機会を与えてくださった関係各位に感謝申し上げます。とりわけVAWW－NET Japanの方々、わたくしの属している「女性・戦争・人権」学会のなかまたち、また『従軍慰安婦・内鮮結婚』の上梓でお世話になって以来、常にサポートし続けてくださった未来社編集部の石田百合さんに深く感謝いたします。

厳しい出版状況のなかで、本書の出版に踏み切ってくださったインパクト出版会の深田卓さん、編集実務に熱意をもって取り組んでくださった同編集部の須藤久美子さんにも深謝します。

二〇〇二年八月一日

鈴木 裕子

鈴木 裕子（すずき・ゆうこ）

1949年東京生まれ。早稲田大学大学院文学研究科日本史学専攻修了。
女性史・社会運動史研究。東京経済大学講師。

編著書
『広島県女性運動史』『水平線をめざす女たち』
『葦笛のうた――足立・女の歴史』（以上ドメス出版）
『山川菊栄集（全10巻）』『山川菊栄女性解放論集（全３巻）』
『山川菊栄評論集』『昭和の女性史』
『朝鮮人従軍慰安婦』（以上岩波書店）
『岸田俊子評論集（湘煙選集１）』『岸田俊子文学集（湘煙選集２）』
『岸田俊子研究文献目録（湘煙選集４）』『資料平民社の女たち』
『日本女性運動資料集成』全10巻・別巻１（以上不二出版）
『フェミニズムと戦争』（マルジュ社）
『女工と労働争議』『女性と労働組合（上）』（以上れんが書房新社）
『女・天皇制・戦争』
『おんな・核・エコロジー』（以上オリジン出版センター）
『堺利彦女性論集』（三一書房）
『女性――反逆と革命と抵抗と』（社会評論社）
『山川菊栄――人と思想』戦前篇・戦後篇（労働大学）
『フェミニズムと朝鮮』（明石書店）
『女性史を拓く（１・２・３・４）』
『従軍慰安婦・内鮮結婚』『「従軍慰安婦」問題と性暴力』
『女たちの戦後労働運動史』
『戦争責任とジェンダー』（以上未来社）など。

天皇制・「慰安婦」・フェミニズム

2002年9月10日　第１刷発行
著者　鈴木裕子
発行人　深田卓
装幀者　田邉恵里香
発行　株式会社インパクト出版会
東京都文京区本郷 2-5-11　服部ビル
Tel 03-3818-7576　Fax 03-3818-8676
E-mail impact@jca.apc.org
ホームページ　http://www.jca.apc.org/~impact/
郵便振替　00110-9-83148

　シナノ